[美] 蔡真妮◎著

用爱成就孩子的一生

北京师范大学出版集团
BEIJING NORMAL UNIVERSITY PUBLISHING GROUP
北京师范大学出版社

图书在版编目(CIP)数据

用爱成就孩子的一生／蔡真妮著．—北京：北京师范大学出
版社，2015.8（2016.9重印）
　ISBN 978-7-303-19077-5

　Ⅰ．①用…　Ⅱ．①蔡…　Ⅲ．①家庭教育—教育方法—美
国　Ⅳ．① G78

　中国版本图书馆 CIP 数据核字（2015）第 141211 号

营　销　中　心　电　话　010-58805072 58807651
北师大出版社学术著作与大众读物分社　http://xueda.bnup.com
YONG AI CHENGJIU HAIZI DE YISHENG
出版发行：北京师范大学出版社 www.bnup.com
　　　　　北京市海淀区新街口外大街 19 号
　　　　　邮政编码：100875
印　　刷：三河兴达印务有限公司
经　　销：全国新华书店
开　　本：787 mm×1092 mm　1/16
印　　张：13.75
字　　数：180 千字
版　　次：2015 年 8 月第 1 版
印　　次：2016 年 9 月第 4 次印刷
定　　价：39.00 元

策划编辑：谢雯萍　　　责任编辑：戴　轶
美术编辑：袁　麟　　　装帧设计：锋尚制版
责任校对：陈　民　　　责任印制：马　洁

前　言

每个孩子终其一生都在问父母一个问题："你爱我吗？"孩子通常不是用语言而是用行为来问的，而父母也是用行动来回答的。这个问题的答案非常重要，它会决定孩子一生的命运和走向。

天下的父母都觉得自己深深地爱着孩子，可是孩子有没有感受到这份爱呢？或者说，我们是不是表达出了自己内心的爱呢？

在我们的爱里，又有多少是附加了条件的呢？

孩子刚生下来时，我们爱他皱巴巴的小脸，爱他打哈欠的丑样，爱他臭烘烘的小屁股，爱他细小却精致的脚丫……那时，孩子是天底下最可爱的宝宝，是老天赐予的最美的礼物。那时，我们接纳他的一切，我们的爱是无条件的。

随着孩子的成长，对他的感觉却在不知不觉地变化着：你怎么还记不住这几个字？昨天背的唐诗今天怎么又忘了？对门的小丫都会背好几十首了……更有甚者：你怎么这么笨？我就没见过像你这么笨的孩子！我怎么生下来你这么个孩子？

这个时候我们的爱变得有条件了：如果孩子能多认识些字，如果孩子能聪明些，如果孩子能把琴弹好，如果孩子能努力学习……我们不再觉得孩子完美无缺，我们希望他能变得更好、更完美些。

孩子接受这样有条件的爱，他会对自己的价值产生怀疑，会对自己的能力产生怀疑，会自暴自弃，更严重的，他会对父母的爱产生怀疑：爸爸妈妈真的爱我吗？

1

美国的心理学家认为，孩子的各种行为问题，都是在向父母呼喊：你爱我吧！你爱我吧！

父母的爱是孩子生命的根基，如果这个根基不稳，那么孩子生命的大厦就会出现裂痕，甚至崩溃。美国的心理学家认为，孩子的各种行为问题，包括厌学、暴力、迷恋游戏等，表达的都是对无条件的爱的渴望，都是在向父母呼喊：你爱我吧！你爱我吧！

美国前总统小布什说过：如果你的父母无条件地爱你，你是不会叛逆的。父母只有用无条件的爱才会养育出身心健康的、充满上进心的、阳光快乐的孩子。

本书用很多故事和美国心理学研究的结论阐述了父母怎样无条件地爱孩子，父母如何帮助孩子建立自信心和自我肯定，父母怎样做能有效地帮助孩子达到学业和事业上的成功。

我之前写的两本育儿书，重点介绍了美国的育儿理念和我自己在养育三个孩子时的观察所得，这本书在介绍理念之余，侧重介绍了很多具体实用的育儿操作方法，比如对孩子表达爱的方法，建立规则的方法，培养专注力的方法，让孩子自立的方法，美国心理学家治疗孩子游戏瘾的方法，等等。这些方法操作起来简单却效果显著，因为它们是用最本质的育儿理念来支撑的，为父母捅破了所纠结的问题的窗户纸。父母们明白其道理，了解其方法，棘手的育儿困惑自会迎刃而解。这本书从不同的角度看待育儿过程中出现的问题，有些理念和方法是第一次介绍到国内来。

阅读本书还能开拓思路和眼界，感受到育儿本是个很享受的过程，有一种育儿方式既能让孩子内心充满爱和快乐，又能够帮助孩子实现自己最大的可能性。

想让孩子拥有美好的品格，人生幸福，事业成功，父母一定要给予孩子足够的爱。孩子们会凭着父母的爱，发展出自己的天分和特长，找到最适合自己的方向，走出属于自己的成功之路。

爱和接纳是一切开始的地方。

目 录

第一篇 怎样真正地爱孩子

> 我们对孩子的种种期望和安排，对孩子有条件的爱，会让这个世界上最聪明、最有能力的孩子在内心深处自我贬低，失去自我肯定。想把孩子养育成一个自信自爱的人，我们必须给孩子无条件的爱，即接受和爱这个孩子本身，无论他长相如何，学习成绩高低，是否聪明伶俐。

第二篇 接纳孩子

> 每个孩子都有无限的可能，请千万用正面方式鼓励他，你用心找出孩子生命里的钻石，他就会想尽办法琢磨自己，发出闪亮耀眼的光芒。幸运与才华，在每一个小孩身上都有，只要我们不把钻石当成玻璃珠。

第三篇 育儿秘诀

我们给予孩子的是无条件但是有原则的爱。这个原则就是必须让孩子懂得基本的规矩和礼貌，懂得做人的基本准则。爱孩子和管教孩子并不是对立的，管教是爱的一部分，任何一个孩子都需要规则指引，没有例外。

第四篇 什么是真正的素质教育

"素质教育"是做人的教育。所有的知识、能力、才艺的培养都没有培养孩子的生活态度和人品重要。孩子拥有一颗健康、乐观、明辨是非的心，他就具备了基本的人文素质，他会自己判断什么该做什么不该做，知道什么是自己想要的，什么是自己能要的，他的生活的路就不会走偏，他也会找到自己热爱的事业，挖掘出自己最大的潜力，达到他自身成就的最大的可能性。

第五篇 教育反思

"世界上最大的奴役发生在家庭里，是父母在爱的名义下对孩子进行的。父母制约孩子，用错误的方式抚养孩子。父母自己并没有觉得，他们正在摧毁小孩，把孩子变笨，而这实实在在地在各个家庭中发生着。"

第六篇 美国学校对孩子进行的爱的教育

> 老师最关心的不是学业，不是纪律，而是孩子们的感受，孩子的感受高于一切。学校注重的对孩子进行的爱的教育，基本人格修养的养成，对他们的未来起了积极的作用。

第七篇 育儿故事

> 父母相爱，是给孩子最好的爱的教育，他会知道和睦的家庭是什么样的，知道怎么去爱人，有矛盾了怎么沟通。父母如果能去提升自己和配偶的沟通技巧，增进彼此的感情，给孩子一个温馨的家庭氛围，那么给孩子带来的积极影响是长远和巨大的。幸福家庭出来的孩子通常都比较阳光和快乐，这样的孩子不让他好好学习都不行。

阅读导航

续

续

第一篇
怎样真正地爱孩子

我们对孩子的种种期望和安排，对孩子有条件的爱，会让这个世界上最聪明、最有能力的孩子在内心深处自我贬低，失去自我肯定。想把孩子养育成一个自信自爱的人，我们必须给孩子无条件的爱，即接受和爱这个孩子本身，无论他长相如何，学习成绩高低，是否聪明伶俐。

有条件的爱与无条件的爱

美国人本主义心理学大师罗杰斯认为：儿童在心理上有两个最基本的需求，一个是从他人那里得到积极赞赏，一个是自我肯定。

一个人如何看待自己、自我肯定的程度对于他的心理健康以及能否实现自我、实现人生抱负都至关重要。人的自我肯定，是在幼年时与父母的互动中形成的。孩子需要从父母那儿感受到自己是有价值的，被尊重的，被爱着的。

这种爱，又分为有条件的爱和无条件的爱两种。

有条件的爱是只有孩子达到了父母的要求，他才能得到正面的肯定和鼓励。比如：你必须做到A，我们才给你B；或者：你只有不做A，我们才给你B。

A是父母对孩子提出的种种"合情合理的""正确的"要求，B是表扬肯定或者物质鼓励等正面回馈。在这样长期的训练和强化下，孩子会逐渐忽略和压抑自己内心的需求与感觉，只去关注外界怎么评价自己，会一直去寻求外在的肯定和别人的认可。

父母这种对待孩子的方式，是在用大人的意志去压制和取代孩子的意志，是逼迫孩子服从父母，长此以往孩子的自我意志会变得越来越弱，他的自我价值会趋向于靠外在来衡量，而不是自我肯定。

罗杰斯认为：现代人绝大多数的心理问题都和个人的真实自我被扭曲和压抑有关。

如果孩子尽了最大的努力还是达不到父母的期望，他会羞愧，自卑，觉得自己没有价值，更严重些，会觉得活着没有意义。孩子的心理和行为会因此出现各种问题。即使孩子达到了父母的期望，取得了好成绩，进入了好学校，找到了好工作，他的内心还是会时时处于焦虑之中，因为总有人比他更好。

2012年，麻省理工学院发生了一起中国籍女研究生自杀事件。这个学生从国内重点高中毕业后留学美国，青春靓丽，活泼大方，能力出众。大学毕业时她完成了一门主修、两门副修专业，被评选为最佳毕业生。毕业后在华尔街投资银行工作，几年后又考上了麻省理工学院管理学院的研究生，读研期间自己还创立了一个公司。她曾经是无数中国学子仰视的标杆，人们提起她，前面总是要冠上"才女"二字，她的事迹被收进家教书中当作教育成功的典范。

这样的天之骄子为什么会失去活下去的力量？

她在博客中写道："跟世界的高级人才比，我唯一的优势就是一口流利的中文。我的同学们不光工作认真勤奋，并且十分高效和考虑周到。不光学业和工作的专业程度让我无法胜出，而且我发现他们很会说话和做人，他们知道什么时候该说什么，知道如何不动声色地达到目的。"她还说："这是一个弱肉强食的世界，面对比自己各方面都优秀的同学，自己已经没有任何优势和能够立足的东西。"

从中可以看出，这个姑娘虽然看似活泼外向，内心却缺乏自我肯定，她一直在和外界的比较中证明自己的优秀和价值，一旦发现自己可能赢不了别人，就觉得没有生存的意义了。

虽然她已经赢了绝大多数的人，她的研究生同学在很多方面也未必比她厉害，但她还是自卑，觉得自己没有优势，没有能够立足的东西。我们立足于世的信心来自我们的内在，不是靠外在的东西来衡量的，可是她的内在显然没有那份肯定。

她在博客中写了很多小时候的成长经历。比如她三岁的时候被送去了长托，她记得自己使劲儿哭，把着门不松手，不肯离开家。她还提起父母一直都是指出她做的不足之处，总是打击她，说："如果夸你，你还不知道要骄傲成什么样子了。"

她说自己从小到大，按照父母的意愿，准确无误地在安排好的时间里完成了他们安排好的各种事。

显然她的童年经历了很多精神创伤，内心深处伤痕累累。在这里我无意于去评判她的父母，只是想用她的例子来说明一个很多父母没有意识到的问题：我们对孩子的种种期望和安排，对孩子有条件的爱，会让这个世界上最聪明、最有能力的孩子在内心深处自我贬低，失去自我肯定。

很多父母在学业上对孩子提出诸多要求和期望，觉得理所当然。如果一个人精心地养着一盆花，每天给它浇水，定期施肥，他跟花说："我这么用心地栽培你，你得早早开花，开得比别人家的花大，比别的花艳丽才行。"我们会不会觉得这个人脑筋有问题？那么我们养育孩子，要求孩子要学习好，要比别人强，要出人头地，是不是和这个人一样？孩子比花复杂精密得多，对简单的花草都不能如此粗暴要求，何况对孩子呢？养花要根据花的特性来提供适应的养料、水和阳光，至于花什么时候开，开成什么样，都不是以养花人的意志为转移的，对孩子，何尝不是如此！

想把孩子养育成一个自信自爱的人，我们必须给孩子无条件的爱。

> 我们对孩子的种种期望和安排，对孩子有条件的爱，会让这个世界上最聪明、最有能力的孩子在内心深处自我贬低，失去自我肯定。

> 想把孩子养育成一个自信自爱的人，我们必须给孩子无条件的爱。
>
> 接受和爱这个孩子本身，无论他长相如何，他的学习成绩高低，他是否聪明伶俐，无论他犯了什么错，父母都爱他。

怎么样才算是无条件地爱孩子呢？那就是接受和爱这个孩子本身，他是什么样子就爱他的这个样子。无论他长相如何，他的学习成绩高低，他是否聪明伶俐，无论他犯了什么错，父母都爱他。

一个孩子的内心充满了自由和自信，他就敢于尝试任何新鲜事物，拥有源源不断的创造力。

罗杰斯认为：那些能够自我实现的人通常都在童年时期得到了父母无条件的爱。因为无条件的爱会帮助孩子建立起"我是值得爱的，我是有价值的，即使做错事了，即使我成绩不够好，我本身并没有问题，我还是可爱的"这样的信念，会让一个孩子的内心充满了自由和自信，所以他就敢于尝试任何新鲜事物，拥有源源不断的创造力。

当我跟一些父母谈到这个观点的时候，他们说："你说的太难了，根本做不到，谁能对孩子没有要求呢？"就是这个"有要求"，使得孩子学习成绩不好，行为不好，种种的不好不如意，都从它而来。父母想让孩子各方面都发展得好，就得学会接纳孩子，对孩子无要求。当父母对孩子无要求时，孩子就会对自己有要求了，他的主动性就回来了，然后，他就会表现出种种好来。

我们做不到是因为我们自己曾经就是这样被对待的，在成长过程中，如果我们表现好一点，就会得到关注和肯定，表现不好，就会得到否定和批评，长此以往，我们就把自己的价值和外在表现连接在了一起，不觉得自己是有价值的、值得爱的一个人，不接受自己，总是觉得自己不够好，遇事焦虑而没有安全感。当我们有了孩子，又用同样的方式去对待孩子，因为我们不知道还有其他的养育方式，我们希望孩子变得更好、更优秀……结果就是，我们又养育出一个不自爱、不接纳自己的孩子，恶性循环下去。

现在，如果我们能认识到这一点，就有力量去打破这个循环，不再把孩子的外在表现和给孩子的爱挂钩，而是给孩子无条件的爱，让孩子很笃定地认为：无论别人怎么看我，我都知道我很好，我独一无二，我值得拥有所有美好的事物，我值得拥有全世界。

这样的孩子当遇到比他聪明、比他能力强的人时，会承认和欣赏对方，而不会觉得有压力，因为他不会去跟别人比，他想做什么就尽力而为，看到的是自己的进步；当他遇到不如自己的人时，不会看不起，他明了每个人都有优势也有劣势，在可能的情况下会尽量帮助别人。当遇到了困难，他能想办法安然度过，不会钻进死胡同里出不来。

爱和接纳是孩子未来的基石。孩子如果是辆汽车，父母的爱就是汽油，汽油的量决定了孩子能走多远。只有接收到无条件的爱的孩子才能够成长为生命完整的人，才能够挖掘出自己人生最大的可能性。

> 爱和接纳是孩子未来的基石。

下面是登载在《纽约时报》上的一个故事，很好地诠释了父母对孩子的无条件的爱。

有一个叫麦特的高中生，很希望自己能上常春藤学校，他的目标是耶鲁、普林斯顿或布朗大学。他从高一就开始努力，SAT考了高分；参与很多音乐和体育活动；参加各类社团活动；做了超过一百小时的义工和社会服务，平均成绩是全年级最高的。

在等待录取结果的那段时间里，麦特患得患失，非常焦虑。他的父母在录取结果揭晓之前给他写了一封信，内容如下：

亲爱的麦特：

在你收到第一所学校的录取通知的前夜，爸妈想让你知道，我们一直为你感到无比的骄傲。无论是否被录取，爸妈都为你所取得的一切成绩还有你出色的人品而自豪，这一点不会因为录取官的决定而有任何改变。不管你被哪所学校录取，我们都会满怀欣喜地祝贺你——你对结果越是满意，我们就越高兴。但是你作为一个人、一个学生及我们儿子的价值，不会因为那些学校的决定而减少或者受到丝毫影响。

即使结果未能如你所愿，你也可以走另外一条路到达你想要去的地方。这个国家的任何一所大学，能够拥有你都是幸运的，而你，有能力在任何一所学校里取得成功。

我们对你的爱像大海一样深厚，像天空一样广阔，覆盖全世界——并将陪伴你到任何你要去的地方。

妈妈和爸爸

这个孩子大学录取的最终结果是：三所常春藤大学都没有录取他，他被自己申请的第四所大学录取。拿到录取通知后，他把自己关在卧室里一天一夜，期间读了无数次父母的这封信。第二天，他穿着录取他的那所大学的T恤，走出了卧室——也走向了新的、被他父母所祝福的人生旅程。

向孩子表达爱的几种有效方式

我们中国文化内敛深沉，通常家庭成员之间都不直接表达感情，配偶之间如此，父母和孩子之间也是如此。很多父亲无论内心多么澎湃地爱着孩子，面上依然不动声色。

很多人都是在成年很久之后，回想起小时候的事情才慢慢地回过味来，原来父母还是爱自己的，原来爸爸的那个做法是有深意的、心里是在意自己的。如果父母能够在孩子年幼时，对孩子清晰地表达出自己的爱，孩子当下就感受到幸福和满足，他会更自信和自我肯定，在面临人生选择的时候，会有底气地选择自己想走的路。

> 如果父母能够在孩子年幼时，对孩子清晰地表达出自己的爱，孩子当下就感受到幸福和满足，他会更自信和自我肯定，在面临人生选择的时候，会有底气地选择自己想走的路。

我在美国生活多年，看到美国人无时无刻不在表达着对孩子的爱，父母与孩子之间爱的能量充沛地流动，旁观的人都跟着感动，感受到生活的美好。他们的做法对于我们有很多可以借鉴之处，下面是美国的心理学家总结的几种被普遍认可的对孩子表达爱的方式。

第一，尽可能多地给孩子拥抱、接吻等身体上的接触。

身体接触是最直接的父母向孩子传递爱、表达爱的方式。因为孩子的皮肤也会饥饿，需要大人随时随地地喂饱他，这是孩子最本能和自然的需要。

美国心理学家给早产儿做过身体接触方面的实验，他们给实验组的早产儿每天三次、每次十五分钟有深度、有质量的按摩。和对照组相比，这些早产儿的体重多增长了百分之四十七，同时他们的睡眠、反应和活动能力都比对照组的早产儿要好。实验结束后虽然不再给他们按摩了，八个月之后，实验组的婴儿们在身体和智力上的发育还是大大领先对照组。

孩子的皮肤也会饥饿，需要大人随时随地地喂饱他，这是孩子最本能和自然的需要。

心理学家还对孤儿院的孩子做过相关调查，和同龄的在家庭里养育的孩子相比，孤儿院的孩子们普遍身材瘦小，各项发育指标都滞后。研究人员发现那些孩子虽然能够吃饱穿暖，物质生活上并不欠缺，但是养育员没有时间去拥抱和抚慰他们，孩子们缺乏与大人之间身体上的接触，这是导致他们在心智和身体两方面发育迟缓的根本原因。

有一个参与了这个研究课题的心理学家，在研究结果出来之后，每天都给他女儿很多拥抱、接吻、爱抚，远超过他正常要做的频率。他说："我的研究表明，我现在给我女儿的拥抱将帮助她未来拥有快乐和健康的人生，我的触碰可能正在改变她的未来。"

小女孩一般都喜欢粘着大人，所以她们得到的身体接触往往比男孩多。有些父母认为男孩要像个男子汉，所以给男孩的身体接触很少，有专家认为这是学龄男孩的行为问题远远多于女孩的内在原因。实际上，男孩和女孩在这方面的需求是一样的。

有些妈妈给我来信讲到儿子在学校的各种行为问题，我在给出具体建议之外通常都要加上一条：每天多给孩子几次拥抱。有好几位妈妈反馈说：仅仅每天早晚拥抱一下儿子，就让儿子快乐平和了许多。因为孩子接收到妈妈的爱了，他的心安宁了。

我曾经在美国学校的特殊儿童班里做过义工，班上有个很瘦的黑人小女孩，四五岁的年纪，每次一进门就直奔冰箱翻找食物，好像饿了好几顿一样。别的小孩进门后要围坐在一起唱歌，开始上课，只有她首先要吃东西。吃饱以后，女孩似乎恢复了体力，开始满屋子乱跳乱跑，要么狂叫，要么嘴里呜呜噜噜不知说些什么，教室里被她搅得乱成一团。每到这时，只有我能让她老实坐下来待一会儿。

我所做的并没有什么技术难度，只是走过去蹲下来轻轻地抱住她，轻抚她的后背，她就会眼睛直直地看着前方，任我抱着、拍着，不再喊叫和狂跑。

抱她一会儿之后，她就可以坐下来画上几笔，写几个字。如果我一直抱着她，她可以一直坐着，写写画画，甚至可以学着做算术。我和老师们对这个效果都很惊讶，原来给孩子身体上的接触和抚慰对孩子精神和情绪的影响会那么大，那么立竿见影。

有一次要放学了，她不知为什么大哭起来，老师哄也哄不住。我正在帮别的小孩穿棉袄，看她闹得厉害就走过去抱住她，

> 孩子的爱之罐经常处于充盈饱满的状态，孩子就会自信满满，安全感坚实稳固，身心发育都会健全。

轻轻地给她擦干净眼泪和鼻涕，她渐渐地安静下来，倚在我的怀里不再哭泣。那天正好校区的心理学家来教室观察记录孩子们的发育情况，她当时感叹地说："这个孩子的行为问题只不过是需要一个妈妈的怀抱而已。"

我曾经问过老师，为什么女孩每天都饿着肚子上学，是家里缺少食物吗？老师说："不是的，政府会发食品卷给低收入的家庭，孩子是吃不完的，因为这个孩子吃饱了就闹，所以大人就用饥饿使她虚弱来换得安静。"想来，如果她的妈妈能够多抱抱她，效果比饿她要好得多。

父母和孩子拥抱、身体接触，孩子从中能感受到父母对自己的关爱。每个孩子心中都有个爱的储藏罐，这个时刻就是往里填充爱的时刻，如同给汽车加油一样。孩子的爱之罐经常处于充盈饱满的状态，孩子的自信心

就会满满，安全感坚实稳固，身心发育都会健全。

身体接触有很多种方式，可以拥抱、亲吻脸颊、拉手、握住孩子的胳膊、摸摸头发、搂搂肩、拍拍孩子后背、把手放在孩子的肩上、双手环住孩子、让孩子倚在自己胸前，等等，只要父母对此留心留意，可以很自然地做出和孩子身体接触的各种亲密动作。

那么，什么时候给孩子身体接触呢？

随时随地都可以做。

比如，早晨起床的时候，用一个密密实实的拥抱，和孩子一起迎接新的一天的到来；

送孩子进校门时，摸摸孩子的脑袋，拥抱一下孩子，拍拍孩子的后背，跟他说再见；

晚上接孩子回来的时候，用紧紧的拥抱表达对孩子的想念和见到他的欢喜，搂着他的肩或者拉着他的手回家；

孩子考试考得好时，拍拍他，摸摸脑袋，鼓励和赞赏他的努力；

孩子考试考得不好时，抱抱他，告诉他没关系，无论成绩好坏爸妈都爱他；

当孩子生病时，搂着他，让他切切实实地感受到父母的关心和陪伴；

当孩子犯了错误时，抱抱孩子，摸摸他的脑袋，手搭在他的肩膀上，让他在爱中反省自己，认识到错误所在；

当孩子受到挫折时，当孩子情绪低落时，当孩子伤心流泪时，当孩子愤怒时……搂着孩子，安抚他，用行动告诉他爸妈理解他的感受，无论怎么样，爸妈都爱他。

第二，注视孩子。

当我们充满爱意、全神贯注地看着孩子时，就是向他发出爱的电波，这也是给他心中的爱之罐填充加值的重要时刻。

眼睛是心灵的窗户，通过眼睛对视，大人能够观察到孩子的情感波动，感受到他真正的情绪和想法，同时，父母充满爱和欣赏的注视也会让孩子的心灵得到慰藉。

很多父母虽然陪伴孩子的时间很长，但是孩子却依然对爱很饥渴，那是因为父母的注意力没有放在他身上，关注的并不是孩子本身。举个例子来说，妈妈在陪着孩子做作业，孩子扭着身子不老实，他实际上是在用行动表示："你看我一眼嘛，你抱抱我嘛！"孩子渴望妈妈注意到自己。妈妈看着桌子上的课本和作业皱着眉头说："你看你这道题怎么做错了？这道题怎么还没做完？你好好坐着，把做错的改过来，把没做完的这道题写完了。"在这个过程中，妈妈没有认真地看孩子一眼，没有充满爱意的注视，也没有碰孩子一下，妈妈关注的是作业，而不是孩子。

还有很多父母非常擅长使用眼神向孩子传达信息，却是用在负面的情况下，比如瞪孩子一眼给予"警告"，使劲"瞅"孩子一眼表达对他行为的不满，或者只在批评教育的时候才会全神贯注地盯着孩子。这说明我们本能地知道眼神对孩子有强大的作用力，但是却用错了地方。孩子越小，父母把眼神用在负面情况下越不合适。孩子看到大人瞪自己，基于害怕和恐惧，他会听话，但是这种情绪在心里越积越多之后，孩子就会以愤怒、攻击性或者情绪低落等行为表现出来。

> 眼神一定要用在表达正面鼓励或者表达爱上。

还有一种更差的情形是父母用"不看孩子"来惩罚孩子：你做错事，你不听话，好，我不理你，彻底忽视你。孩子的感觉是因为我做了错事，所以妈妈要抛弃我不要了。这种情况下孩子的眼神，是非常惶恐、非常畏缩的，无所适从，如丧家之犬一样。这种把爱的连接渠道变成惩罚工具的做法对孩子的伤害太大了，会让他彻底失去安全感。

眼神一定要用在表达正面鼓励或者表达爱上，多给孩子温暖的、爱的眼神注视，就是给予孩子爱的滋养，孩子越小，这个方法越重要。

第三，花时间在孩子身上。

亲子关系有两个层面：一个是血缘关系，一个是情感连接。

血缘关系是个事实，是理性上的认知：这个孩子是我的，我应该爱他，关心他。假设一个孩子因某种原因从小和父母分离了，那么父母再见到这个孩子的时候，理智上虽然知道自己应该爱这个孩子，但是在情感上还是会觉得这个孩子陌生，因为情感上的连接无法从道理上或者靠学习来建立，感情需要朝夕相处、日积月累地培养凝聚。深厚的亲子关系，需要用时间来浇灌。

> 深厚的亲子关系，需要用时间来浇灌。

美国人大都重视家庭成员相聚的时光，晚上父母和孩子一起吃饭是生活常态。总统奥巴马应该是最忙的人了，他仍会去参加孩子的家长会和钢琴汇报演出，到了吃饭时间会离开办公室去和孩子们一起吃晚饭，利用吃饭时间和两个女儿聊聊学校的情况，还会给孩子们在学习和交友方面遇到的问题出谋划策。

有个企业家父亲，他每个周末都会抽出半天的时间陪伴儿子，父子俩一起去书店或图书馆，看展览，爬山，打球，吃饭……孩子随心所欲地聊学校的事情，聊朋友的情况、班上的同学、对新闻事件的看法，爸爸专心致志地听。在这个时间段，爸爸甚至都把手机关了，给孩子全部的时间和注意力。他说："我平时没有时间陪孩子，那么在这半天里，我要让他确确实实地感受到我对他的重视和关心，我参与进他的成长中了。"有时候爸爸周末出差，无法陪伴孩子，回来后一定会找时间补上，至少补上半个小时单独和儿子在一起的时间，和儿子聊聊。他说："儿子的成长比企业重要多了，如果因为生意把儿子忽略了，就是本末倒置了。"

这个孩子和爸爸在感情上的连接很紧密，什么问题都会跟爸爸探讨，也非常开朗、自信、有主见。

陪伴孩子对于孩子的成长至关重要，对于我们大人同样是难能可贵的经历。在人的一生中，一个人很难有机会体验到爱别人超过爱自己，热恋是一个，但很短暂，只有孩子会让我们持续地、深刻地体验到那种全心全意付出的情感，能让我们开发出忘我奉献的情怀，让我们知道自己是这样一个心中充满了爱的人，这个历程是弥足珍贵的。

很多人因为工作太忙了而没有时间陪伴孩子，把孩子交给老人和保姆带，或者送全托，这是把老天送给我们的感受爱的机会拱手送走了。

有人采访过濒死之人，询问他们今生的遗憾有哪些，几乎所有的人都会后悔年轻时忙于工作而没有在孩子小的时候花时间多陪陪孩子。

很多父母还没到生命的终点就已经意识到自己的错失了。有个母亲分享她的经历时说："在孩子小的时候，我一门心思都在工作上，想着提高业绩、升职，等等，把孩子送去了住宿的幼儿园，接着又送去了住宿小学、住宿中学。那时候觉得孩子离开父母能够学会自立，把孩子交给老师能得到最好的教育，觉得父母花钱在孩子身上就是对他最关爱的表现。这是我这辈子做的最后悔的事。因为孩子现在已经上大学了，跟我很生疏，一直都是淡淡的对什么都兴趣不大的样子。我现在想陪伴他、关心他，却不知从什么地方入手，他也不需要我了。我已经失去了和孩子建立亲密关系的时机，再也没有机会体验陪伴孩子一起长大的快乐和幸福了。"

很多父母和这个妈妈一样，以为肯为孩子花钱就是爱孩子，小学就送孩子去各种补习班，把孩子送给别人去教育，去加强学习。如果把补习的时间和金钱拿来陪伴孩子搞些他喜欢的活动，和孩子一起旅游、打球、游泳、爬山……和孩子逛逛书店，看看好书，做手工，做饭，做家务，对孩子的人格、智力、情商的培养一定比去补习班强。

有一个留学美国的妈妈讲她陪伴孩子的体会："女儿小时候我要拿学位，毕业了要找工作，非常紧张忙碌，那时虽然天天和孩子在一起，但是心并不在她身上，觉得把她喂饱穿暖就行了。记得女儿上小学的时候常常抱怨说：'你们都不关心我，都不理解我。'孩子到了青春期，情绪和行为都出现了异常，我开始觉醒，换了个轻松的工作，把心思放在孩子身上，关心她的真正需要，和她一起为成功兴奋，为失败伤心，为男孩子烦恼，为穿衣打扮操心……现在女儿离家上大学了，还是和我很亲密。我回头来看，这几年是我人生中最快乐、最有成就感的几年。"

还有一些年轻的妈妈，在这个问题上走了另一个极端，就是自己大包大揽照顾孩子的事情，不让丈夫参与，希望他腾出时间和精力全心全意地奔事业。这么做一方面剥夺了丈夫作为父亲的珍贵的生命体验；另一方面他不投入时间，他和孩子的连接就浅，不利于孩子的身心健康和家庭的稳固。孩子需要父母双方的爱和能量，缺一不可。

美国的心理学家会建议单亲家庭的父母给孩子找个同性长辈，多带孩子一起活动，比如单亲妈妈带儿子生活，如果孩子的父亲无法经常来看他的话，就可以让孩子的舅舅或者孩子的足球教练（孩子喜欢亲近的男性即可）多和孩子在一起，让儿子有个男性的榜样。如果是单亲父亲带女儿生活，而妈妈无法介入女儿的成长的话，那么就可以找孩子的姑姑或者邻居阿姨等带孩子做一些女孩子的事情。

> 不要剥夺了丈夫作为父亲的珍贵的生命体验；孩子需要父母双方的爱和能量，缺一不可。

正常家庭在通常情况下，父亲在孩子成长中付出的时间较少，所以要想方设法创造条件让父亲尽可能多地参与到孩子的养育当中，这是培养父亲的责任感，让他体会到家庭之爱与温馨的最佳途径，也是让孩子身心健康的有效手段。

有很多工作忙碌的父母用给孩子买贵重礼物、买孩子喜欢的衣服和食物等来代替花时间陪伴孩子。买东西虽然也是表达爱的一种方式，却无法代替父母的陪伴。孩子最想要的不是钱，不是礼物，而是父母的陪伴，也就是父母的时间。

国内一家报纸以"六一我的愿望"为题对小学一至五年级的孩子进行

了调查。结果发现，孩子们有一多半希望六一当天能和父母一起游玩。

现代社会，时间是永远都不够用的。时间放在哪儿，怎么去安排，可以看出人的价值观和智慧。作为父母应该深入地想一想：人生的目的是什么？什么是生命中最重要的事情？三十年后回头看，现在忙着的一切是否都有意义？

时间管理学把要处理的事情分成四种：重要又紧急的，重要但是不紧急的，紧急但是不重要的，不紧急也不重要的。从时间管理上讲，第一种情况需要马上处理，第二种情况必须做好规划，虽然不紧急，却是决定长远成功的因素。人们常常被紧急的事情催逼，每天都着急去完成第一种和第三种事务，陪伴孩子属于第二种情况，重要但是并不紧急，所以常常被人们放到了日程表的后面，每天忙完了紧急的事情之后已经没有时间来做这件重要的事了。今天推明天，明天推后天。一转眼，孩子长大了，那时候再想去陪孩子，孩子已经不需要了。

> 陪伴孩子不仅要付出时间，还有质量要求。

陪伴孩子不仅要付出时间，还有质量要求。前面提到妈妈虽然坐在孩子旁边，陪孩子做作业，可孩子却仍然感觉不到爱，是因为有质量的陪伴最关键的要素是放下手里的一切，专心致志地和孩子在一起，注意力都放在孩子身上，让他感觉到在那个时间段，他是主体，他是最重要的。不是作业，不是成绩，不是弹琴或者任何别的，就是他本身。

曾看过一个故事，一个妈妈答应儿子儿童节带他去游乐场玩，那天孩子坐了一个过山车，兴冲冲地跑回来跟妈妈描述："可刺激了，心都要飞出来了！"妈妈说："那你回去是不是可以写一篇作文了？"孩子立即像霜打的茄子一样蔫了下来。孩子又去玩了一个碰碰车，妈妈说："看你玩得那么爽，是不是又可以写一篇作文了？"孩子回答说："妈妈咱回家吧，我不想玩了。"这个妈妈好不容易陪孩子出来玩一次，满脑子里想的还是学习，让孩子倒尽了胃口。

高质量的陪伴，可以养育出健康快乐、富有安全感、做事尽力而为的孩子，父母到那时就能够体会到自己付出的回报是多么大了。

第四，亲口告诉孩子，我爱你。

大多数中国父母对于口头表达爱都有障碍，爱在心头口难开。

大多数中国父母对于口头表达爱都有障碍，爱在心头口难开。孩子小时候还会对孩子说，妈妈好爱你啊！等到孩子大一些了，这句话就说不出口了。如果能够真诚地对孩子说一句，爸爸妈妈很爱你！无论多大的孩子，内心都会受到震动，继而感动。父母要利用各种机会告诉孩子：父母爱他，这个爱是无条件的，父母对他所有的期盼就是希望他能够快乐生活。告诉他父母希望他在学校取得好成绩、希望他能考上心仪的大学，是觉得这样他能接受有质量的大学教育，在更高、更好的平台上学习和提高。告诉孩子，父母多么以他为荣，他有那么多优点，善良、勇敢、负责任、有爱心……告诉他人生很长，一时的得失和成败都没有什么了不起，花时间找到自己想要做的事，想明白自己想要成为什么样的人，想明白生活的意义是什么，还有真正的快乐从哪里来。

告诉孩子，爸爸妈妈永远站在他的身后，支持他，给他加油。

亲子关系的衡量方法

有个妈妈给我写信说，晚上和孩子一起读书时，孩子会打断她，问很多问题，有的问题和正在讲的故事有关，有的问题和故事毫无关联。她问怎么能让孩子专注在读书上呢？

我们陪伴孩子读书，一方面是为了培养孩子的读书兴趣，更重要的是，此时是亲子相伴的亲密时光，陪着孩子慢慢聊天，读书讨论，是了解孩子、给孩子熏陶正确的为人处世的理念、和孩子建立沟通渠道的时刻，坚持做下去，就会和孩子建立起有质量的亲子关系。

> 亲子关系是教育的基础，孩子和父母关系密切，父母说的话他才能听进去，教育才会有效果。

孩子在读书时脱离了书本，问一些其他问题，说明书的内容引发了孩子的思考，这是他用自己的意识去认识世界、发展智力的时刻，此时父母比较适宜的做法是陪着他一起思考和认识。大人别把读书当成一个任务，设定今晚必须专注地读完这本书。要知道是否读完某本书不是目的，让孩子喜欢读书、学会独立思考才是目的，而借此建立良好的亲子关系更是重中之重。

我们当家长的，往往会把注意力放在孩子智力的开发和知识的学习上，而忽视了去建立与维护和孩子之间的亲密关系。亲子关系是教育的基础，孩子和父母关系密切，父母说的话他才能听进去，教育才会有效果。如果孩子和父母的感情连接不好，他就会表现出叛逆或者漠视：你让我好好学，我就不学！你让我看这本书，我偏不看！或者当作耳旁风，你说什么我就像没听见一样。

其实大人也是同样的思维模式。我有一个好朋友性子急，有时候和我说什么说不通，情急之下就会使劲拍我一巴掌。我们之间感情很好，我知道她是真心关心我，所以她说话重了或者打我一巴掌，我都不会往心里去，甚至很感动她为我动情动气。如果是被关系泛泛之人打了一巴掌，我心里肯定会不乐意的。

父母和孩子关系亲厚，气急了即使打孩子几下，孩子也不会记仇，因为他们理解父母的心思，体会到父母爱之深责之切的心意（这里只是举例说明而已，我坚决反对打孩子）。父母因为对子女的了解比较深，管教起来也会有的放矢。反之，如果孩子和父母关系不好，父母说话不入耳了，孩子就可能摔门而去。

很多父母说孩子上了中学，什么话都不跟自己讲，回家就把自己锁在房间里。这里面有孩子青春期的因素，但更主要的是在孩子成长过程中，父母没能够和孩子建立起密切的亲子关系，没能建立起深度沟通的渠道。这时，父母需要做出巨大的努力和改变，从学会无条件地爱孩子做起，才能够重建和孩子的关系。

> 如果有一天儿子失恋了会跑来抱着我们痛哭，那我们就成功了。

台湾作家吴念真曾谈起自己的亲子关系，他说自己和父亲一辈子讲过的话没超过两百句，因为爸爸很严肃，孩子们非常怕他。他爸爸过世后，他找了很多爸爸的平辈人谈话，才能拼凑出爸爸人生的完整画面，他十分感慨父与子是那么亲近的人距离却那么远。所以当他自己有了儿子时，他就和太太说我们要当儿子的朋友，没大没小的那种，这样他就不会怕我们，可以有很好的沟通，孩子不会出问题。太太问那么怎么算作是成了朋友呢？他说，如果有一天儿子失恋了会跑来抱着我们痛哭，那我们就成功了。

结果他的儿子中学时第一次失恋，半夜两三点钟跑到他的房间抱着他痛哭，他说自己一方面觉得很心疼，另一方面很高兴自己真的做到了。

他儿子叛逆期跟妈妈说话很凶，他就跟儿子说："吴定谦，对我老婆客气一点！你有听过我跟奶奶这样大声讲话吗？"真的就是和朋友讲话一样。他这样对待孩子，孩子成长得很好，按照他的说法是从来没有麻烦，很听话。高考完报志愿时，儿子说想去学戏剧，吴念真满心的不愿意，因为他自己在这一行里，知道这行并不好混，但是他尊重儿子的选择，儿子最后考上了台大戏剧系。大学毕业的那一天，儿子跟他说："爸，从今天起你不用再给我零花钱了。"他跟儿子道谢："从今天开始，你独立了，谢谢你，成长过程中没有给我找麻烦。"

我们中国的大多数家长和孩子很难成为朋友关系，因为中国父母往往认为自己代表了真理，要求子女必须言听计从，不允许孩子有自主意识——因为你的意识都是幼稚可笑的；不给孩子思想自由——

> 建立密切的亲子关系要从孩子很小的时候就开始，越小越容易。

因为你只要听我的就行了；也不允许孩子有属于自己的私密空间——因为你是我的孩子，有什么可以瞒着我的？如果我们是这样独裁的家长，就难以培养出独立有担当的孩子。反过来，如果想要培养独立有担当的孩子，家长必须改变自己在亲子关系中的角色，把密切和孩子的关系当作培养孩子压倒性的关键所在，其他都是配角。

建立亲子关系的要素在于尊重孩子，用对待朋友的态度对待孩子。我们和朋友相处时，说话会注意分寸，不会随口说出伤害朋友的话；我们会尊重朋友的隐私，不经同意不会乱翻他的东西；当朋友遇到问题时，我们会听朋友倾诉，不会说我早就告诉你这样行不通，给出建议的时候也会适可而止，不会强迫朋友听从自己的……如果我们能够这样对待孩子，孩子有什么心里话都会愿意和我们讲，会信赖我们。

建立密切的亲子关系要从孩子很小的时候就开始，越小越容易。有个朋友告诉过我一个小窍门，他在孩子刚生下来不久就因为工作关系调到外地工作了几年，因为介入孩子生活的时间太少了，所以他调回来以后感到孩子跟他很生疏。女儿那时候刚刚五岁，他想出了一个办法拉近和女儿的关系：每天下班回家，他都给孩子带一个小礼物：两块糖，或者一块小点心、一个小玩具、小女孩喜欢的小贴纸、漂亮的橡皮、销售人员送的小纪念品等，如果出差，回来时他一定给孩子捎一个大礼物。女儿天天都特别高兴，和爸爸的关系很快就亲密起来了。

礼物虽小，但是孩子感受到了爸爸重视自己、想着自己、爱自己的心意。他女儿长大后说起这件事时说，那时候就盼着爸爸下班，每天听到爸爸的脚步声，就知道有惊喜在等着自己，特别温馨，特别幸福。

新学期伊始，我儿子三猪学校的校长给每个家长来信说：所有的父母都希望做些什么让孩子变得更好。下面是我们对孩子应持的态度：支持、尊重和鼓励。记住，每件事情的发生都有其原因。担心和生气不解决任何问题，给孩子还有你自己成长的时间，建立你和孩子的连接会引导他走向成功。

> 判断亲子关系到底够不够好的一个最简单的方法是：看孩子是否快乐。

这个校长的观点代表了美式教育的核心观念：父母和孩子之间的深度连接，是孩子成功的必要条件。

那么我们和孩子的亲子关系到底够不够好呢？

一个最简单的判断方法是看孩子是否快乐。与父母关系顺畅密切的孩子，在自然状态下，是愉悦平和的、友善的、充满了童心童趣的。有的孩子一个人玩的时候会使劲打娃娃，摔玩具，或者搞些破坏性活动，脸上的表情是凶巴巴的或者是愤怒的，说明孩子心里不痛快，累积了很多愤怒的情绪。父母要反思亲子关系在什么地方出了问题，自己对待孩子在什么地方需要做出改变。

国内的孩子大多是独生子女，其实是非常寂寞的，非常需要有能谈得来的人一起聊聊心事，抱怨抱怨学校，讲讲遇到的怪事儿。如果父母能够成为孩子生命中的这个角色，孩子愿意把心事和你分享，那么你就是最成功的父母了。

下面这个"亲子关系自我评量表"摘自《父母成长DIY》（卢苏伟、汤惠珠合著），我把文字做了些修饰，在此给大家参考衡量。

亲子关系自我评量表

请在每一问题前的〈 〉中，依据问题所描述之情况的符合程度，填入适当的数字，1表示很不符合、2表示不符合、3表示尚符合、4表示符合、5表示非常符合。请父母先作答，并计分，再由孩子作答，然后比较两者的差异。

〈 〉1. 不管工作或生活多么忙碌，每天我都会留一些时间给孩子。

〈 〉2. 我能经常保持愉快的心情和孩子相处。

〈 〉3. 我认为孩子是有理性的，能自己面对和解决问题。

〈 〉4. 和孩子对话时，我很少使用"你应该……""你最好……否则……""你再不……我就……"的方式。

〈 〉5. 我觉得孩子快乐生活比成绩好更重要。

〈 〉6. 我觉得孩子犯错误和惹麻烦是成长必经的过程。

〈 〉7. 孩子说话时，我能耐心专注地听完。

〈 〉8. 我经常和孩子有亲密的接触（如摸头、拍肩、拍手、相互拥抱等）。

〈 〉9. 即使孩子犯了错，我也不会因此就认为他是个坏孩子。

〈 〉10. 我经常给自己和孩子留有充裕的时间，尽量不去催促孩子。

〈 〉11. 不论发生了什么事，我都能从孩子的立场分析、了解孩子的想法。

〈 　〉12. 亲子间有冲突时，我不认为一定是孩子的错。

〈 　〉13. 我能给孩子充分的自主空间，决定他自己的事。

〈 　〉14. 我要求孩子做的事情，我自己都能做到。

〈 　〉15. 我答应孩子的事情，言出必行。

〈 　〉16. 我与孩子谈话时，能体会孩子内心真正的感受。

〈 　〉17. 我了解孩子内心的喜好和厌恶。

〈 　〉18. 孩子愿意主动地告诉我，他在外面发生的事情和内心感受。

〈 　〉19. 和孩子谈话时，我很少批评或指责孩子的想法。

〈 　〉20. 我满意我目前的家庭和孩子的状况。

计分：将〈 　〉中的数字全部加起来，即得到本评量表的总分。

1．做完测验后，请安排一个温馨的情境，和孩子共同讨论与分享。特别是亲子间的回答有明显落差的问题，更需要彼此坦诚讨论，借以减少对彼此期待的落差。

2．若总分在60分以下，表示你们的亲子关系已有了危机，应该马上调整；

若总分在60～80分之间，表示你们相处良好，还有进步空间；

若总分在80分以上，恭喜你，你们的亲子关系很好，请保持下去。

从一本书中看中美父母的不同

有一天，外面下起了雷阵雨。大白天的闪电雷鸣，那雷声奇大无比，五岁的三猪很害怕地跑来问我："妈妈你听到打雷没有？"我说听到了，安慰他说那是雷阵雨，很快就会过去。过了一会儿，他又来问："妈妈，你说打雷会不会把我们家房子给炸碎了？"我告诉他不会，但他还是有点忐忑。

我琢磨着得想个办法让他了解雷电到底是什么，消除他对雷电的恐惧感，明白那是自然现象，用平常心对待才好。

周六和孩子们到图书馆借书，我特意找到一本关于小孩害怕打雷的英文绘本和三猪一起读，书的名字叫《只是雷电而已》（*Just a Thunderstorm*，Golden Books出版）。

故事大意就是说雷阵雨来了，小女孩和哥哥帮着妈妈收衣服，到了晚上睡觉的时间，小女孩很怕雷声，爸爸安慰她，给她讲了打雷会下雨等种种好处，可她还是害怕。她自己试了好多办法：读书、听广播、用枕头捂耳朵都不管用，就跑到了哥哥的屋子里。哥哥说他不害怕，所以她跳到了哥哥的床上。结果一个大雷打下来，吓得兄妹俩一起尖叫。

于是他们跳下床跑到了爸爸妈妈的屋子里，要和爸妈一起睡。爸妈说："可以，你们要是想过来睡就睡在我们屋里的地上吧。"兄妹俩搬来被褥在爸妈屋里的地上睡了一夜，第二天雨过天晴，女孩拿着哥哥的小船跑到外面玩去了。

故事很普通，可书里面的一个情节却让我思索了半天，就是爸爸妈妈那晚让孩子们睡在了他们卧室的地上。

我想我们中国父母遇到这种情况时，至少我自己，肯定是要让孩子睡在床上的。如果床不够大，那么一定是孩儿他爹睡在地上，或者父母都睡在地板上，而不是让五六岁的孩子自己搬来被子睡在地上。

但是看书中的父母，好像让孩子自己搬来被子、睡地上都是很自然的事情。

出现这种差别的原因在哪里呢？

我觉得中国父母对待孩子都比较"娇贵"，在生活上对子女都呵护得很仔细周到，好东西先给孩子仿佛是天经地义的事儿，骨子里对孩子有种"牺牲"精神。

> 中国父母骨子里对孩子有种"牺牲"精神。

一些父母的"牺牲"并不是无偿的，是要孩子回报的：用自己的"牺牲"去换取孩子的"听话"，希望孩子能达到大人的期望，按照大人认为正确的人生路走。一旦孩子违背了父母的意愿或者达不到父母的要求，大人就会以自己的"牺牲"去数落孩子，让孩子负疚以达到让他听话的目的。

> 一旦孩子违背了父母的意愿或者达不到父母的要求，大人就会以自己的"牺牲"去数落孩子，让孩子负疚以达到让他听话的目的。

曾看到一个自杀的高中女孩的遗书，她说她受不了父母炖肉把肉给她吃而他们自己只吃土豆，受不了家里的钱都花在给她的补课上，她痛斥老师收补课费而让父母负担太重……这件事从另一个角度看，女孩父母的做法实际上给了孩子无形的压力：父母都如此牺牲了，自己还能不努力学习吗？如果努力了还是达不到父母的期待，巨大的负疚感会把孩子压垮的。假设全家人有福同享、有难同当，虽然生活贫困，但肉和土豆全家一起吃，孩子感受到的爱会不会更深厚和平和些呢？假设在给孩子补习之外，还把一部分钱花在自己身上，让自己的生活丰富些，孩子的精神负担会不会小些呢？假如为孩子补习但是对孩子的学习和未来没有任何期待，她考上什么大学都没有关系，孩子对未来会不会有一份期待，不会那么绝望呢？

美国父母通常会以平等的态度对待孩子，生活上不宠溺，精神上不施压，让孩子从小就学会为自己做决定，并对自己负责。举个例子，我送孩子上学时，经常看到大冷的天，我家孩子已经穿上了夹克外套，有的美国孩子还穿着T恤、短裤，妈妈自己则穿着夹克跟在一旁，视若无睹。美国父母会适时提醒孩子加衣服，但不会逼孩子穿衣服，更不会"诅咒"孩子：你不穿大衣一定会感冒的，你不穿冻死了妈妈不管你！他们认为孩子挨冻了自然就会知道加衣服，感冒了更是会汲取教训随着天气变化而增减衣服，允许孩子自己做决定并承担后果。

> 美国父母通常会以平等的态度对待孩子，生活上不宠溺，精神上不施压，让孩子从小就学会为自己做决定，并对自己负责。允许孩子自己做决定并承担后果。

美国父母注重培养孩子的独立自主的能力，同时做父母的，也不会为了孩子失去自己的生活。从小和孩子就是平等的关系：我爱你，我抚养你，但我不会为你牺牲，等我老了，你爱我，关心我，照顾我，也不用为我牺牲。父母和孩子在人生的哪一个阶段都是爱的关系，相互间都没有情义相欠的感觉。

爱，在亲子之间，自由地流动。

第二篇

接纳孩子

每个孩子都有无限的可能，请千万用正面方式鼓励他，你用心找出孩子生命里的钻石，他就会想尽办法琢磨自己，发出闪亮耀眼的光芒。幸运与才华，在每一个小孩身上都有，只要我们不把钻石当成玻璃珠。

一棵小树的启示

　　我们刚搬进的新家的山坡上有个围起来的大菜园，我想在里面种几棵具有中国特色的果树，比如柿子和大枣，这些果树在美国很少见。春天的时候，我从网上购买了两棵柿子树苗和两棵枣树苗。

　　4月底收到了树苗，两种树苗都是一棵大的配着一棵小的，干枯枯的四根枝子，看着毫无生气的样子。我按照说明把它们种到地下，一个星期后，两棵柿子树苗就开始冒出了小嫩芽来，紧接着那棵大一些的枣树苗也发出了芽。

　　随着时间的推移，三棵树苗的芽越长越大，不断地有新的小叶子从小芽边上冒出来，小树枝们萌发出勃勃生机。

　　只有那棵小枣树毫无动静，依旧是枯枝一个默默地立在春天的冷风中。

　　一个月过去了，三棵树苗上的小树叶都已经舒展开来，蓬蓬簇簇地生长着，而那棵小枣树还是光秃秃地毫无生命迹象。

　　一开始我很淡定，想着树苗生长节奏各有不同，有早长的也有晚长的，到时候自然就会发芽的。可是四周过去了，那三棵树苗都长起来了，有三个参照物在，我不由得心生犹疑：这一棵苗是不是本身有什么问题，所以没活？还是我没有种好，给种死了？

　　那段时间，我每天到菜园里的第一件事就是查看这棵不发芽的小树

31

苗，仔细地从顶查看到底，再从底查看到顶。实在是无法确认它是否还活着，有天我甚至找来放大镜依次查看每一个小树节，看是否哪个上面有冒芽的蛛丝马迹。

什么都没有。

又是半个月过去了，它还是枯枝一棵。

我淡定不下去了，琢磨着应该给售苗的果园写封邮件，问问他们小树苗六周了还不发芽是不是不正常？我应该做点什么来补救？又想着应该拍张照片给他们看看。

就在决定写信的那天，我灵机一动想到个办法来确认一下小树到底有没有死。我用手指甲在小树干靠上的部位划了小小的却足够深的一道，露出了里面的白色树干组织。

现代医学用一个统一标准来衡量所有的孩子，实际上是把活生生的孩子制式化了。

仔细观察那个划痕，可以看出，在灰色的外皮下有层翠绿色的东西——这棵小树没死，里面有生机存在！

再给它一些时间吧！我放下了写信的念头，依然隔天给它浇水，继续等待着。

等啊等，一直等到6月底，在我种下树苗的两个月之后，这棵小树枝终于开始往外冒芽了！

大人对孩子有信心，孩子才会有舒展生命之枝的空间和机会，才会成长为一个自如自信的人。

随后它的生长速度越来越快，到8月时已经追上了那棵大枣树，不知道的人已经看不出来两棵枣树原来谁大谁小了。

而那棵早早发芽的小柿子树苗，长势却明显变慢了，相比其他三棵树小很多，在酷烈的阳光下总是恹恹的，有些叶子的边缘变黑了，好像得了什么病一样。

秋天到了，突然一场霜降，后发芽的小枣树和那两棵大树苗都经受住了考验，唯有小柿子树没有扛过去，死掉了。

看着几棵果树的现状，我豁然顿悟：那棵小枣树一开始不发芽，其实它也在生长，它是先在下面长根，等到根扎得够深够壮实了，才开始长上面的树叶。因为根基打好了，所以它能很快追上同伴，并能抵抗气候的变化，所谓厚积薄发是也。而那棵小柿子树早早长出树叶，没有机会扎好树根，所以后劲不足，遇到恶劣环境就招架不住了。

小树尚且如此，那么孩子们呢？

孩子们也有快长慢长之分：有的孩子出牙早，有的出牙晚；有的说话早，有的说话晚；有的一岁以内就会走路，有的一岁半还没开始走；有的孩子先长个头，有的孩子先长心眼；有的孩子早早能识字，有的孩子一直懵懂到上学还不开窍。

> 孩子某一方面发育晚，可能就像那棵小枣树一样，先发育内在的某一部分，在我们大人看不见的地方，他在牢牢地为自己打下根基。

现代医学用一个统一标准来衡量所有的孩子，身高、体重在某个年龄段应该在什么范围之内，智力发展到什么程度，等等，这些只是统计数据的综合，实际上是把活生生的孩子制式化了。有些暂时在制式之外的孩子，未必就是有问题的，只是他的生长节奏和大多数孩子不一样而已。许多父母给孩子做完体检就开始担忧，如果孩子的某个指标没有达到中等，会焦虑不堪地想尽办法去刺激孩子生长。这么做是否干扰了孩子自己内在的生长节奏呢？

孩子某一方面发育晚，可能就像那棵小枣树一样，先发育内在的某一部分，在我们大人看不见的地方，他在牢牢地为自己打下根基。

而早慧的孩子未必是好事，有可能因为过早开发而后劲不足。

孩子在某个时间段超出标准或者低于标准，父母既无须欢喜也不用焦虑，用平常心去陪伴着他们，他们自然会以自己独特的速度和节奏长大。大人对孩子有信心，孩子才会有舒展生命之枝的空间和机会，才会成长为一个自如自信的人。

淡定的三猪

一天吃晚饭的时候，三猪用叉子叉起一块肉但没叉住，"啪"的一声掉到了桌子上，姐姐凯丽看了看他说："你看我们都用筷子，就你不会用，还在用叉子，叉子哪有筷子灵活。"

凯丽的语气明显含有攻击、不屑等负面的意味，我不甚赞同地看了她一眼，刚想说话，就见三猪环顾了家里其他的四个人，点点头说："对，你们都用筷子，只有我用叉子。"

我有些讶然地看了看面色平静的三猪，他不是故作不在乎，他是真的不在意凯丽的话。

孩子成长得越慢，他的心理结构越坚强，越稳定。

我事后跟凯丽沟通，告诉她这么跟别人讲话是不合适的，有打击别人的倾向，说话做事都要顾及他人的自尊心。但实际上，三猪并没有被打击到。孩子爸爸敬佩地说："这个孩子心理太强大了，在他看来，其他人会用筷子而他不会用，就是个事实而已。"

过了几天，三猪问我，筷子难不难学，他想学用筷子。我说不难。找出一双小筷子，演示给他看，又告诉他可以上网找个使用筷子的教程看看，凯丽也跟他分享了自己使用筷子的诀窍，他很快就学会了用筷子。学会了以后自己很高兴，吃饭时告诉凯丽筷子的确比叉子灵活。

到朋友家聚会，有一个小孩带来了一个很酷的新潮玩具，几个同龄的孩子都围着他看他玩，个个跃跃欲试。可那个孩子说："你们要玩可以，每个人交一块钱就能玩。"

几个孩子吵吵嚷嚷的，有的跟他讨价还价，有的说以后再给，有个孩子说他没道理，他以前也玩过别人的玩具，都没有花钱……三猪没说什么，跑来告诉我前因后果，向我要一块钱。我给了他，他拿去给那个小孩说："现在我可以玩了吗？"那个小孩并不是真的想给其他孩子玩，说要钱是刁难，所以当三猪给他钱的时候，他又找借口说玩具需要休息，攥着玩具不撒手。三猪转身过来把钱还给我，就去玩别的了。其他的小孩不干了，和那个孩子吵吵嚷嚷的，最后有个孩子被气哭了，那个带玩具来的孩子也被几个孩子说哭了。

几个妈妈都围过去调节，一个妈妈对我说："这里面最应该闹的是三猪，可是你看他什么事都没有，这孩子真淡定。"

我因此仔细观察三猪，他的确很淡定。很多人觉得伤自尊心的事情，觉得恼火的事情，他都不大在意。自己做错了主动认错，不会去辩解。

有一次我要在放学后带他参加童子军的活动，所以早晨送他上学时叮嘱他放学后不要坐班车，我会去接他。放学后，校门口没有他的人影，我下车找了一圈没找到，就跟在门口指挥交通的校长讲了，校长用对讲机跟校车司机联系了一下，确认三猪在校车上，校长让司机告诉三猪下车。远远地看到他跑过来，还没等我张口呢，他就对我说："妈妈，对不起，我把今天不坐校车的事情忘了，以后我会努力记住的。"他这么一讲，我本来想说的一大堆话戛然而止，人家都认识到错误了，还下了保证，我还能说什么呢？

到学校去开家长会，老师说她如果在课堂上指出三猪的问题，他马上就会承认错误："老师，是我错了，我以后不会再这么做。"老师说，三猪遇到事情不生气、不烦躁、不对抗，错了就承认，对了就坚持，非常自在坦然。他班上有个男孩经常挑衅别的同学，很多孩子被他搞哭过。一次刚画完画，三猪正拿着自己的画欣赏，那个男孩很无礼地说你画得真不好看，三猪看了看回答："我觉得挺好的。"那孩子又说："你看这里多难看。"三猪回答："我认为这个地方挺有特点。"然后又去夸对方："你画的挺好看。"那个孩子就觉得挺没趣的，从此再也不找三猪麻烦了。

三猪参加童子军的帆船比赛，连续输了三场，无缘下一轮比赛，他没有表露出什么负面情绪，静静地坐着看别人比赛，赛完跟我说："我觉得我的船没有安装好，下一次我要好好准备。"过了一阵儿参加赛车比赛，这次他的赛车连赢了好几场，最后进入了八强，得到了一个"最佳参与奖"奖杯。因为别人的赛车都是喷漆制作，漂亮完美，显然家长参与的成分很大，而三猪的赛车是他自己涂的色，一看图案就知道是孩子自己画的，颁奖的人说成绩优异是一方面，孩子全程自己制作十分可贵。

三猪得了奖很高兴，跟我谈论了一番比赛的情景，最后说："妈妈，我很用心地组装赛车，不过我觉得别的小朋友也很努力，这一次得奖我想我的运气好是主要原因。"

我惊讶于他能够这样看待输赢，颇有点"胜不骄败不馁"的气度。

为什么他可以如此淡定呢？为什么别人攻击他、拒绝他，他能做到不动气，不觉得受伤呢？

我觉得这和我们对他的尊重和接纳有关。他从小就是个慢性子的孩子，干什么都慢，反应慢、学东西慢、学说话慢、开窍也晚。我们不催逼他，他想怎么玩就怎么玩，能学就学，不能学就不学，给他充分的自由。也从来不拿他和别人比较，让他按照自己的节奏生长。因为他身心发育比别的小孩都晚些，我让他晚了一年上学。后来我在一篇心理学的文章里看到一个说法：孩子成长得越慢，他的心理结构越坚强，越稳定。我想可能歪打正着了，我们没有去干涉三猪，正好给了他空间和时间慢慢成长，给他自己的内在打下了坚实的基础。

从小三猪的事情就可以自己做主，他的要求也基本都能得到满足。小时候他很喜欢吃糖，牙医说要限制。可我发现越限制他越想吃，越吃得多我就越担心，后来一度全面禁止他吃糖了，搞得他对糖果像着魔了一样。我看到一篇文章讲如果孩子痴迷某样东西，那么彻底满足他，他就不会那么留恋了。我想既然用禁止的方法适得其反，不如试试放手，让他自己决定，看看会怎么样。我家有个很大的装巧克力的罐子，我把它装满了各种巧克力和糖果，放在台子上，告诉他随便吃。刚开始他天天狠劲吃，一天能吃下半罐子糖，好像几辈子没吃过似的。有时饭前故意试探我："妈妈我现在吃糖可以吗?"我说："吃吧，你想吃就吃。"慢慢地他果然不大眷恋了，现在糖罐子还放在台子上，他十天半个月都不打开一次。

从三猪身上我领会到，父母的爱和接纳的确可以帮助孩子建构起强大的内在。

三猪的梦想变迁

　　三猪的梦想随着年龄的增长在逐渐地变换和升级，由最初两三岁时要当送奶工过渡到四五岁时要当邮递员，后来因为做饭时经常帮我打下手，对烹饪产生了极大兴趣，遂立志长大后要当一名厨师。我听到后就跟他讲，妈妈会经常到你当厨师的饭店去吃饭，告诉周围人你们吃的这么好吃的饭是我儿子做的。这个理想持续了很长一段时间，他还从图书馆借来儿童菜谱在家里做意大利面、打果汁、做甜点，成就感十足。

　　自打他开始玩电脑游戏之后，经常会对游戏内容表达诸多不满，什么人物动作不对了，设置不合理了，场景不好看了，不一而足。他抱怨的时候，我就跟他建议："你觉得哪儿不合理、不合你意，就找个本子写下来，把想改进的地方、怎么去改进都详详细细地记下来，以后你可以自己设计一个合意的游戏玩。"

　　这个建议颇有让他误入歧途之嫌。

　　他那天跟我要了一个新本子，煞有其事地开始记录他的游戏点子，本子上有人物，有场景，还有对杀动作，等等。过了一段时间，我偶尔在桌上看到那个已经卷了皮的本子，发现大半本都写满了。

　　有一次，三猪学校组织了个活动，以"我的梦想"为题，让每个孩子做个演讲，阐述自己对未来的设定和打算，每个班要选出一名学生，代表

38

班级参加学校的"梦想展示"活动。三猪讲了自己要当一个"游戏设计师"的理想，他说："我想当一个游戏设计师，我喜欢玩游戏，玩游戏很有创造性。我想影响孩子们运用自己的想象力来创造出特别棒的游戏。"

因为讲得比较有煽动性，所以被同学选上代表班级参加学校展览。我猜测是因为讲玩游戏和设计游戏，与讲当画家、当医生和当建筑师这些传统职业相比，在孩子们那儿得到的共鸣要多得多。老师还特意打电话给我征得家长的许可，允许学校给孩子拍照并展览，还让我帮三猪想想可以带哪些道具来帮助表达他的梦想。

三猪放学回来后，我问他怎么拍照能够让别人看出来他想当一个"游戏设计师"？他说他的设计本是最重要的，一定要拿在手上，然后可以拿一个"植物大战僵尸"中的僵尸玩偶，还可以拿一个"愤怒的小鸟"中的小红鸟玩偶，这两个游戏几乎人人知道，所以大家都会明白和游戏有关。后来又找出一个Wii游戏盘装进书包里，说如果照相时还有地方的话就把游戏盘摆出来。

学校请来专业摄影师为孩子们照了相，他的大照被摆放在学校一进门的学生办公室里最醒目的位置上。

自此，当个"游戏设计师"成为他新的人生目标。

随着他玩的游戏越来越多，对游戏的了解越来越深，他的想法又有了变化。

一天放学回来，他对我说："妈妈，设计一个游戏是个很大的工程，有很多很多的工作要

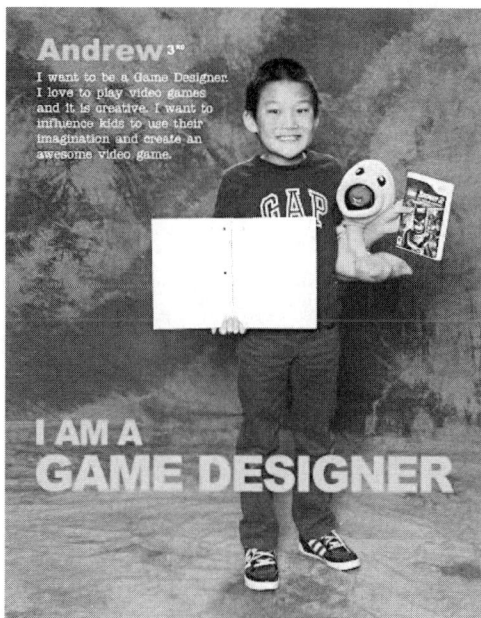

Andrew 3rd
I want to be a Game Designer
I love to play video games
and it is creative. I want to
influence kids to use their
imagination and create an
awesome video game.

I AM A
GAME DESIGNER

做，需要很多人共同合作才能完成，我觉得光靠我一个人是远远不够的，所以我想以后要建立一个游戏公司，我来当老板，请很多设计人员共同设计游戏，我把我的想法告诉他们，让他们一起来完成。"

这是由编码的跨越到当老板的了。

随后，他在写写画画的时候，就由具体的画武打动作改成美工画哪些背景图片、音乐家做什么背景音乐、武术师设计什么动作，搞起分工合作了。

> 理想可以变，无论孩子想做什么，都可以去尝试，只要他有兴趣真心喜欢就好。

一天放学回来，我看他很小心地从裤兜里掏出一张折叠的纸，看起来像是一封信的样子，就问他："那是什么？"三猪第一次对我有了遮遮掩掩的动作，不自然地想把信收起来，不大希望我知道的样子。这更加刺激了我的好奇心，我好说歹说他才同意让我看一眼，原来那是一个女孩写给三猪的信。

女孩很喜欢美工，知道三猪想设计游戏后，就给三猪画了一些游戏场景和人物特写，字迹工整，人物形象可爱极了，我问三猪："她要和你一起设计游戏？"三猪点点头说："嗯，她以后会加入到我的公司里来。"

现在就着手网罗志同道合的合作伙伴了？

去年的圣诞节期间，全家开车出去玩，看到一个漂亮的大楼，上面有巨大的公司标志，我和小州还有凯丽兴奋地议论说这是某某举世闻名的大连锁公司的总部。过了一会儿，三猪郑重其事地跟我们说："以后我会请你们去参观我的公司总部。"姐姐凯丽并不知道三猪的理想，听了这个话试图给他纠正："你是说你请我们到你家（house）玩？"

三猪摇头："不是我家，是公司总部（headquarters）。"

我把三猪的理想讲给其他几个人听，大家听完都乐呵呵地跟三猪说："好啊，到时候我们一定去。"

三猪对自己的梦想很郑重其事地思考着。有一天，他又来问我："妈妈，你说我要建立游戏公司需要做哪些准备呢？"我说你首先要学好数学，进而学习计算机编程，还要读很多书，这样才能明白事理，会编出好听的故事，还要玩很多游戏，眼下大概这些就可以了。

他又问："妈妈，你说人的梦想是不是会变化呢？我班上的一个朋友一开始讲他要当宇航员，后来又说他要当警察。"

> 培养孩子成为有理想的人，父母要善于鼓励。

我回答他："理想当然可以变，无论你想做什么，都可以去尝试，只要你有兴趣真心喜欢就好。无论你做什么，爸爸妈妈都会站在一旁为你鼓掌加油。"

别把钻石当成玻璃珠

在中国台湾地区被称为"华人之光"的刘大伟,人生经历一波三折,给人很深的启迪。

他生在台中,有四个姐姐一个哥哥,学习都特别好,可他在班上却总是倒数第二名,倒数第一的孩子有点智障。妈妈每当看到他的成绩,总是念叨他:"你怎么不像你哥哥姐姐学习那么好?你看邻居李太太的儿子多么优秀……"所以他小时候一直期望全台湾地区的小孩都是智障,那么他就可以考第一了。妈妈还让他学钢琴,但也达不到老师和家长的要求。

他就是喜欢画画,喜欢在课本空白处涂鸦,上课的时候不听课,低着头画画,老师经常用粉笔头丢他,教训他:"刘大伟,画画以后是没有饭吃的,好好读书!"他那时觉得老师们在当老师之前一定都受过丢粉笔头的训练,否则不会丢得那么准。他下课后在黑板上画老师的漫画像,被老师打手心、打屁股。别人交作业是写的,他的作业却是画出来的,老师和同学都当他是智障。

> 他厉害的地方不是当老师拿来一张考卷时,而是给他一张白纸时,他虽然答不好考卷,却可以画出一幅好画来。

妈妈给他请来了补习老师为他补习,老师最后哭着跟他妈妈说:"对不起,您儿子我教不了……"

他在初中时进入了放牛班,父母眼见他在台湾地区升学无望,就把他送到了美国。他满心以为从此就摆脱掉了学习成绩的折磨，可以随心所欲地过好日子了，谁知他入读的学校是一所黑人学校，全校只有他一个亚裔，刚入校时受尽欺凌，他和学校里的黑人孩子打过好几场架。而因为英语不好上课听不懂，他的课业成绩还是不及格。

但是在这里他遇到了人生中的贵人——他的绘画课老师凯斯。凯斯老师深知新移民学生之难处，一直鼓励他："大伟，你能做到！You can do it！"还对他说："大伟，你很有才华！"他在台湾地区从来都是被负面地评价："刘大伟，你为什么不如谁谁谁呢？""你怎么会这么笨！"从来没有被人肯定过，所以他乍听到有老师这样表扬自己，简直难以置信，开心得要死，回去之后画了一幅东方之龙，对着画自己一遍一遍地重复着："You can do it！"

凯斯老师将他的这幅画送出去参加全美中学生绘画比赛，进了前二十名，里根总统亲自写信来祝贺他获奖。他自此领悟到自己最卓越的是创意，他厉害的地方不是当老师拿来一张考卷时，而是给他一张白纸时，他虽然答不好考卷，却可以画出一幅好画来。因为他的获奖，学校也升级成了美术杰出学校，校长每次见他，眼中都充满感激，同学们也对他崇拜起来，甚至帮他做英文作业。

他高中毕业后入读瑞格林艺术与设计学院，迪士尼每年都会来这所学校挑选实习生，全美每年艺术学校的毕业生大概有一万名，能够进入迪士尼实习的只有八个人，竞争非常激烈。刘大伟经历四次征选，大三时进入了迪士尼实习，三个月后他成为迪士尼正式的动画师，参与了《狮子王》《美女与野兽》《阿拉丁》《花木兰》等作品的制作与设计，是整个动画制作团队的艺术总监。

在迪士尼公司工作了几年之后，他开始问自己：刘大伟你的梦想到底是什么？人生下半场，是规规矩矩地在公司里工作三十年赚一千万美金，还是去追随自己的梦想？他心底的声音在说：人生的目的，超乎有没有饭吃，让更多人因为我的画感动，在生命低潮、彷徨时得到力量，那么，这幅画才是无价的。他下定决心去追随自己的梦想，做更有创意的工作。

他离开了迪士尼，加入全美最大的插画经纪公司为美国《商业周刊》《时代》《华尔街日报》等报刊画插

每个孩子都有无限的可能，千万别把钻石当成玻璃珠。

画，随后他的插画得到了插画界的奥斯卡奖："全美最独特插画奖"。

后来他又成立了自己的动画公司：Kendo动画，公司已经出品了很多鼓励孩童的产品。Kendo这个名字就来自当年凯斯老师鼓励他的话：You can do it.

他出了自己的自传，在书的最后他说：

每个孩子都有无限的可能，请千万用正面方式鼓励他，你用心找出孩子生命里的钻石，他就会想尽办法琢磨自己，发出闪亮耀眼的光芒。幸运与才华，在每一个小孩身上都有，只要我们不把钻石当成玻璃珠。

与别人不一样没关系

我在图书馆发现了一本非常特别的儿童绘本:《与别人不一样没关系》（*It's Okay to Be Different*），作者是Todd Parr，Little，Brown Books for Young Readers出版。

书的一开始画的是一个孩子缺了一颗下牙的笑脸：掉了一颗牙或者两颗、三颗都没有关系；然后是一个戴着墨镜的小女孩牵了一条狗，它表达的意思是盲童牵着导盲犬：需要一些帮助没关系；下一页是一头大象：长了个不一样的鼻子没啥了不起的；再后面画了两个斑马，一个是黑白花纹，一个是彩色花纹：肤色与别人不一样也没有关系。

没长头发没关系，长了一双大耳朵没关系，坐轮椅没有关系，长得很小、中等、很大、超大都没有关系，戴眼镜没有关系……

把你的感觉说出来没有关系，感到困窘、生气都没有关系，做点让自己高兴的事情没有关系，为你自己感到骄傲没有关系……

来自不同的地方没有关

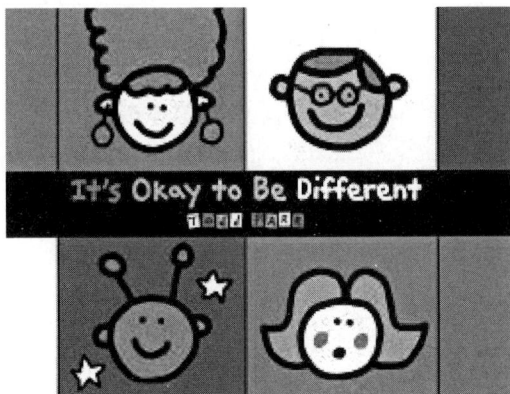

系，有与众不同的朋友没有关系，有不同的妈妈和不同的爸爸没有关系……

一个人跳舞没有关系，帮小松鼠收集干果没有关系……

在最后，作者总结说：和别人不同没有关系，你是独特的和重要的，仅仅因为你是你。

> 和别人不同没有关系，你是独特的和重要的，仅仅因为你是你。

美式教育特别注重鼓励孩子发展个性，接受自己，展现自己，类似上面这样的书很多，都是教给孩子认识到每个人的外貌不同，会出现各种情绪反应，来自不同的家庭，会做一些奇奇怪怪的事情，这些都没有关系，都是正常的，是被理解、被接受的。孩子从小受到这样的熏陶和教育，会接受自己的不同之处，建立起自我肯定和安全感，也会认识到人的多样性，学会接受他人的不同，懂得尊重别人。

想要孩子学会接受自己，除了教育孩子之外，父母们也要做到接受孩子才行，因为孩子常常是通过父母的眼睛来看自己的。父母觉得孩子很棒，孩子就会觉得自己很厉害，父母觉得孩子不如人，孩子就会觉得自己什么都不行。

> 想要孩子学会接受自己，除了教育孩子之外，父母们也要做到接受孩子才行，因为孩子常常是通过父母的眼睛来看自己的。

有的孩子性格内向敏感，父母要接受，内向有内向的好处，不要觉得孩子不够胆大、不够开朗；孩子性格外向，父母同样要接受，不要觉得孩子好动闯祸，不够听话安静；孩子粗线条，不要觉得孩子不够细致、学习不够认真；孩子做事认真，不要觉得孩子追求完美、活得太累；孩子爱表现，不要觉得孩子不够谦虚；孩子谦和，不要觉得孩子不够进取；孩子喜欢和人打招呼，不要觉得孩子分不清生人和熟人；孩子不喜欢和人打招呼，不要觉得孩子没有礼貌……

接受孩子，只因为他而爱他；因为他是他，所以他是独特的和重要的。无论孩子是什么样，只是个体差异而已，他有自己的成长节奏，有他独立的个性。孩子因为父母的接纳而能接纳自己。

爱因斯坦小时候不讲话，他妈妈并不逼迫他，他一直到九岁讲话还不利落。总是一个人默默地坐着，不跟其他小朋友玩，换到现在，有很多家长就要焦虑了，要怎么帮助我的孩子发展社交？我的孩子性格孤僻，怎么能让他开朗活泼，会跟人交往？爱因斯坦的妈妈在别人嘲笑他不和人玩时说："他是在思考，他以后一定会成为一个教授的。"妈妈的接纳真的造就了一个教授——历史上对科学贡献最大的教授。

我中学时有个女同学，总是仰着头横晃着走路，很牛气的样子。她的学习成绩在我们那所重点中学里并不是特别突出，她长得也不算漂亮，但她就是自我感觉好，遇事有自己的想法，也敢于表达自己的想法，在一群被考试和成绩压得抬不起头的同学中，形象鲜明扎眼。因为她高看自己，老师和同学都跟着高看她，遇事都要让着她一点。一次我们几个女生到她家玩，才明白为什么她的性格如此了，她爸爸看她那是哪儿哪儿都好。我们几个人议论起身材问题，都说她太胖了，她爸爸听到了立即跟她说："女孩胖一点好，那是丰满，爸爸以后每天早晨陪你跑步，只要身体健康，胖瘦都没有什么关系，都好看。"

孩子因为父母的接纳而能接纳自己。

她把英语考卷拿给爸爸看，那次她没考好，考了七十多分。她爸爸仔细看了看卷子对她说："你的语法都掌握了，句子造的很漂亮，成绩不好主要是因为有些单词拼写错误。记单词是最简单的，以后我们一边跑步一边记单词，你只要下点功夫，单词完全不在话下。"

有个女生听了她父女的对话羡慕得眼圈都红了，她是考不好就要挨父母骂的。她爸爸脾气不好，不仅经常骂她，有时候还打她，使得她非常不自信，平素总是低头走路，课堂上从不主动发言。有一次期末考试老师把她的考卷分加错了，少算了十分，影响了她的排名，我们都让她去找老师，可她不敢去。

> 在基本的生存条件得到满足之后，我们能否生活得幸福，与我们内心是否圆满、是否自我肯定有着根本的联系。

这两个同学平时的学习成绩不相上下，但是最后的结果却大相径庭。

自信的女同学后来考上了一流的大学，找的丈夫很欣赏她、珍惜她，家庭生活幸福美满。不自信的那个同学高考时太紧张了，大失水准，只考上了一个普通大学，婚姻生活也是一波三折，最后离婚了，自己一个人抚养儿子。儿子上大学后，她和儿子之间的沟通出现了很多问题。她逐渐意识到，是自己儿童期的心理创伤造成了一生的命运多舛，前些日子让我推荐几本心理治疗的书籍给她，希望通过心理治疗能让自己修复内心创伤，改善和孩子的关系。

在基本的生存条件得到满足之后，我们能否生活得幸福，与我们内心是否圆满、是否自我肯定有着根本的联系。父母从小帮孩子建立起自信心，让他接受自己，会为孩子奠定幸福生活的根基；反之，也可能毁了孩子一生的幸福。

让孩子循序渐进地成长

有个网友给我来信说："和老公的朋友们聚会，大家都已是为人父母，几个孩子都在学龄前，餐桌上的话题时不时围绕着孩子，说起孩子的阅读，一位朋友说他家儿子读书很广泛，刚刚六岁就可以看《水浒传》了；另一位朋友说她家的儿子刚五岁，正在看《本草纲目》，而且孩子讲起来头头是道的，想必是看进去了。在赞叹他们的宝贝之余，老公说我对孩子的阅读习惯没有引导好。当时，我心里真是有些委屈。说到孩子的阅读，早期我读过您发表的《美国孩子的阅读量是中国孩子的六倍》《用买钢琴的钱来买书》等文章，很受启发，自己经常去网上看童书，并有选择地买给孩子；孩子很喜欢听故事，每次买回书都要求我读上好多遍，喜欢的故事她自己也能复述下来，但我不得不承认，孩子一直停留在我读她听的程度上，她自己讲的故事比较少；我看平日孩子自己看书的时候，很专注也很开心，就没有过多干涉

> 在学前和小学阶段，孩子读了什么并不重要，重要的是他喜欢上了读书，享受读书的乐趣。

她读书的方式，可现在发现她更多关注的是图画而不是文字，我也担忧起来。我还是有些自责，自己做了很多努力，然而没有真正提升孩子的阅读水平，自己确实没有引导好孩子，走了弯路。"

这位网友问我："您说我之前对孩子阅读习惯的培养是不是不正确？

应该早些纠正孩子的读书方式，更多地关注故事的文字内容而不是图画？"

我觉得这位网友女儿的阅读水平符合她的年龄。她快乐地读图画书，做着她这个年纪该做的事，自自然然地在成长，妈妈把女儿养育得很好，实在是无须自责和担心。

我们给孩子买书读书，是为了培养孩子的读书兴趣，让他养成终生的读书习惯，一辈子能从书中汲取精神养料，丰富自己的精神世界。在学前和小学阶段，孩子读了什么并不重要，重要的是他喜欢上了读书，享受读书的乐趣。

> 很多孩子厌学，也是因为大人拔苗助长，把孩子的学习自主性给破坏了。

孩子喜欢看图画书，就让她继续看，喜欢听妈妈为她读书，就继续给她读，不用去引导她读文字，到了一定阶段她自己就想看文字内容多的书了，那是个自然而然的过程，即所谓的循序渐进。父母人为地干涉孩子的读书进程，每次读书都强调要看文字，或者让她学习认字，暂时也许会让孩子的阅读水平提高，但同时也会破坏她读书的内在动力，她会觉得读书没那么有意思了，变成任务和负担了，她就会不喜欢读书了。很多孩子厌学，也是因为大人拔苗助长把孩子的学习自主性给破坏了。

养育孩子最忌比较，一比就焦虑了。现代社会，科技的发展日新月异，学习是伴随终生的一件事。孩子拥有对生活的热情，对知识的渴望，有责任感和冒险精神，才会在未来竞争中立于不败之地。父母想一想，五岁会读什么书，有什么关系呢？孩子现在看文字多的书和一两年后看文字多的书对于她的未来，会有差异吗？五岁并不是培养孩子的终点。"十年树木，百年树人"，孩子的未来还长着呢，现在比这些东西实在没有什么意义。

在哪个阶段都别拿孩子和别人比，他有自己的人生，怎么走都可以走出一条好路来，和别人没有关系。

我觉得在这件事上，他们几个大人做得特别不合适的是当着孩子们的面比较，对孩子们的影响非常不好。那两个孩子以后读书的动力会变成让父母有面子，让自己有面子。过了几年，同龄人的读书水平都差不多了的时候，那么这书还读不读呢？是不是就要从其他方面找面子了？如果一直都是为了面子而学、而活，那么孩子的自信和自我肯定要从哪里来？而被认为读书水平低的女孩，她当时如果听明白了大人们的意思，对她的自信心和自尊心是多大的打击啊！

> 养育孩子最忌比较，一比就焦虑了。"十年树木，百年树人"，孩子的未来还长着呢，现在比这些东西实在没有什么意义。

如果遇到别人家的父母拿孩子比来比去，我们可以赞扬别人的孩子，但是一定不能贬低自己的孩子。如果孩子被问到了而感觉不好，父母应当场告诉孩子：你很好，妈妈很为你自豪。

有一次我和三猪参加一个华裔孩子的生日派对，吃完生日蛋糕之后，小寿星的妈妈让她弹两首钢琴曲给大家听，弹完后自然是赢得了全体热烈的掌声。随后，另一个中国妈妈让自己的女儿也上去弹了一曲，接着又上去了一个。有个男孩的妈妈跟女主人要来小提琴，让儿子拉小提琴……于是生日聚会进行到最后变成了孩子们的才艺表演了。站在我旁边的一个美国男孩跟他爸爸说："爸，我不会弹琴，我会翻跟头，我可以表演翻跟头。"他爸爸摸着他的脑袋告诉他："孩子，你本身已经很可爱了，不用再去表现自己了。"

这才是父母对待孩子应有的态度：全然地接纳孩子，无条件地爱孩子。

三猪的学校举行画画比赛，主题是"你心中地球的样子"，一个六年级的孩子以拟人的方式将地球变成了一张快乐的脸，戴着墨镜，一只手握拳，另一只手摆出OK的手势，充满了生机和笑意，得到了这次竞赛的大奖。开放家长去参观的那天，学校举行了颁奖仪式，校长当众公布了竞赛结果并给孩子颁了奖。家长们纷纷对孩子的父亲表示祝贺，有个母亲对他说："你一定很为儿子自豪吧？"那个父亲笑着点头："我的确很为他自豪。不过，即使他没有得奖，即使他画不出什么有意义的画，我依然为他骄傲和自豪。"

我想这个孩子之所以能画出那么有活力和想象力的画，应该和他的父母对他全然地接纳有关。父母爱他不是因为他取得了什么成绩，仅仅因为他是他而已。有这么无条件爱自己的父母，孩子心里多么自信、多么有底气，他做事自然就会主动积极，尽力而为。

父母们想要在他人的比较中淡定自若，需要在增强自信上下功夫，不把别人如何看待我们放在心上，关键是自己如何看待自己。自己有自信了，才会对孩子有自信，才能培养出自信的孩子。

遵循孩子的生长发育规律，让孩子在什么年龄做什么事，把孩子当孩子培养，让他慢慢地按照自己的节奏长大，不去催熟他。如果他是天才，他自然会在时机成熟时脱颖而出；如果他是个普通人，那么他会自信地、淡定地生活，拥有属于自己的那一份快乐和幸福。

第三篇

育儿秘诀

　　我们给予孩子的是无条件但是有原则的爱。这个原则就是必须让孩子懂得基本的规矩和礼貌，懂得做人的基本准则。爱孩子和管教孩子并不是对立的，管教是爱的一部分，任何一个孩子都需要规则指引，没有例外。

如何正确地管教孩子

　　有个妈妈来信说，她带六岁的儿子去朋友家玩，她和朋友聊天的时候，儿子跑到旁边屋里的老奶奶的床上蹦着玩，不小心跌坐在老奶奶脚上，老奶奶被坐疼了，很生气地呵斥了孩子，孩子当时就委屈地哭了。朋友赔罪说老奶奶在养病，脾气不好，这个妈妈还是觉得很下不来台，也替儿子委屈，孩子并不是故意的，老人这样伤害孩子的自尊心是不是有点过分了？她问遇到这种情况该如何处理。

　　我回答这位妈妈说，她应该教给孩子到别人家做客时应守的规矩：他不能上别人家的床，更不能在床上蹦，别说老人还在床上躺着养病，即使空床都不行。带着孩子去别人家做客，应该随时注意孩子的动向，发现孩子有不适宜的行为，马上制止，别让事情发展到失控的状态。

　　这位妈妈回信说，现在不是都讲要无条件地爱孩子，要给孩子充分的自由吗？给孩子定规矩，这不行那不行的，不是限制了孩子的想象力和创造力了吗？

> 我们对孩子的爱是无条件的，但是养育孩子是要有原则的，这个原则就是必须让孩子懂得基本的规矩和礼貌，懂得做人的基本准则。

　　很多人像这个妈妈一样，对"无条件的爱"有误解，以为给孩子自由就是不管不教，孩子想干什么就干什么。孩子调皮捣蛋惹祸伤人，父母就出面摆平，这样下去孩子就无法无天了。想想看，一个人无法无天的结局会是什么？父母这样做哪里是在爱孩子，分明是在害孩子啊！

我们对孩子的爱是无条件的，但是养育孩子是要有原则的，我们给予孩子的是无条件的但是有原则的爱。这个原则就是必须让孩子懂得基本的规矩和礼貌，懂得做人的基本准则。

爱孩子和管教孩子并不是对立的，管教是爱的一部分，任何一个孩子都需要规则指引，没有例外。

儿童教育学家蒙台梭利说：建立在规则上的自由，才是真正的自由。同样，建立在规则上的爱，才是真正的爱。

无条件的爱是无论你是否满足我的要求，我都爱你，并不是我什么都不要求你。对于属于孩子自己的事情，要尊重他，允许他自己决定如何去做，为自己做出选择；如果涉及别人的事情以及在公共场所的活动，那么要教会孩子遵守规则。这是为了帮助孩子学会在社会上生存的技巧，所以不会伤害孩子的想象力和创造力。

对于管教最重要的一点是：要让孩子在感受到你的爱的前提下进行，这是管教能取得良好效果的必要条件。孩子感受到自己被父母接受了，他才能接受父母的指引和规范。

> 爱孩子和管教孩子并不对立，管教是爱的一部分，任何一个孩子都需要规则指引，没有例外。

> 对于管教最重要的一点是：要让孩子在感受到你的爱的前提下进行。

从两岁以后，父母就要循序渐进地在孩子的生活中建立规则，让孩子知道哪些事情在哪些情况下不能做。

给孩子设立规则的基本要素就是两点：

不伤害自己，不妨碍别人。

在家里玩时要注意的事情就是不伤到自己，到外面玩时不仅要注意自己的安全，还要注意不能妨碍到别人，更不能伤害别人。

在这两点的基础上，可以根据各家的不同情况制定家庭规矩，或者学习方法，或者生活要求。每个家庭的父母的人生态度不同，重视的内容不一样，所以各家给孩子设立的规则也不尽相同。

给孩子设立规矩一定要简单、清楚。

给孩子设立规矩一定要简单、清楚。越简单明了，孩子越能记得住，越能执行下去。有个妈妈给我看她给一年级儿子制定的家庭规则，一共有二十条，这么多条孩子根本记不住啊！规则多了就跟没有规则是一样的，会流于形式。

制定规则时，父母还要考虑到孩子的年龄和接受程度，不能对孩子提出超出他能力范围的要求。比如带两三岁的孩子去那些特

给孩子设立规则的基本要素就是两点：不伤害自己，不妨碍别人。

别高级安静的餐馆，要等很久才会上菜，孩子坐不住必然要闹腾，要求孩子安静地坐着等、表现出礼貌和耐心来是不可能的，父母训斥惩罚都没有用。这种情况下，不是孩子不守规矩，而是大人考虑不周全，对孩子的要求超出了他的能力。孩子小的时候可以带他们到快餐店或者本身就比较喧闹的饭店去吃饭。

我有个美国朋友是个小学老师，很懂孩子心理，也深谙管教之道。她家的两个孩子非常有礼貌，懂规矩，人见人夸，我向她请教是如何给孩子立规矩的，她说他们家的规矩一共就三条。

第一条，必须说"请"和"谢谢"，请求别人包括父母帮忙，必须说"请"，别人帮忙了，必须说"谢谢"。

第二条，可以在游乐场里打闹、乱跑、乱跳，但是不可以在图书馆、商场、餐馆、剧院等公共场所乱跑打闹。

第三条，自己的屋子怎么乱都没有关系，但是家里其他地方不允许搞乱、搞脏。

她说带孩子去商场或者图书馆等公共场所，进门前就提醒孩子，要保持安静，不能乱跑或者大声喊叫，如果哪个孩子违规了，大人马上将孩子

带到外面，在没人的地方再叮嘱一遍。为了维护孩子的自尊心，他们从来不在人前教育孩子。如果这个孩子在谈话之后又一次违规，那么全家立即撤出来，终止当时正在进行的购物或借书活动，如果是在餐馆，那么一个大人带着违规的孩子回到车上去，另一个大人陪着表现好的孩子吃饭。这样孩子就会明白，他们行为不好不仅仅影响了自己的利益，也影响了全家人的行动计划。她说实际上这条措施她只在商场和餐馆各用过一次，就被孩子们牢牢地记住了。有一次在餐馆，旁边桌上的一对老人特意过来表扬他家的两个孩子不吵不闹，特别规矩，还给他们每个人点了一个冰激凌作为鼓励。

> 良好的教养不是为了让周围人对他印象好，而是要让他对自己的人品感觉良好。

关于第三条，她说孩子们要到客厅和起居室来玩必须跟大人打招呼，得到允许之后才能玩，附带条件总是玩完后收拾玩具。如果他们没做到，那么下一次就不被允许出来玩了。所以他们家如果把孩子房间的门关上，什么时候都是干干净净、整整齐齐的。孩子的房间父母会定期和孩子们一起清理，在孩子们同意的情况下。

孩子们本能地会希望取悦父母、取悦老师，希望自己能让大人们满意，所以如果家里和学校的规则清晰明了，在孩子们能够做到的范围内他们会尽量去遵守。

她还有一个观点对培养孩子的自尊自爱特别有帮助：她教孩子懂规矩有礼貌时，跟孩子强调的是，良好的教养不是为了让周围人对他印象好，而是要让他对自己的人品感觉良好。

有的孩子个人意志特别强，就是我们常说的有主意、犟，对待这样的孩子，大人不要去想着改变孩子的性格，恰恰相反，要保护孩子的个性，这是他的特点也是优点，小时候有主见，长大以后会更有主见。对这样的孩子，要和他深入有效地交流，一起设定家庭规则，以理服人，然后大人和孩子共同遵守。这种孩子会格外看重父母如何去做。如果父母言必信、行必果，孩子就会学会遵守规则。

制定了规矩之后，父母一定要贯彻执行，孩子违规了就要接受相应的惩罚，不能心软跟孩子说下一次再这样我就怎么怎么样。

下一次孩子一定还会再犯的，因为父母的信用已经没了，父母的要求以后都可以当作耳旁风。比如父母为了"面子"，在亲友朋友面前对孩子就放松要求，所以很多孩子客来疯，知道父母反正也不会当着客人面惩罚自己。有的父母心情好时，规则可以不守，心情不好，就严格要求，孩子动辄得咎，这会使孩子无所适从，并学会察言观色，根据父母的情绪来决定自己的行为，那么他以后也会受别人的情绪控制，难以有自主的生活态度。

只要父母平时做到了尊重孩子，耐心地聆听孩子的需要，孩子无理取闹的情形其实是很少见的。大人觉得孩子无理取闹，往往是孩子在心里集聚了很久的怒火，他的意志一而再再而三地被忽视或压抑了。

一次在商场，我听到一个男孩在大声喊："你说话不算话，你说给我买你又变卦了！"他的妈妈拽着孩子的胳膊训斥他："你小声点，你闹什么，

一出来买东西你就闹！"孩子继续哭着喊："你说话不算话！"这件事，孩子闹的根源是妈妈说话不算话，妈妈这个时候要求他不闹很难让他平静下来，应该反思自己是不是真地像孩子说的那样，答应了又没有做到。

父母管教孩子的时候，要做到态度良好，不跟孩子发脾气，温和地坚持原则。满足孩子所有的合理要求，拒绝不合理要求，孩子违犯规则就要承担后果。父母做到了，孩子都会成为有教养、讲规则的孩子。制定规则并执行规则对孩子的教育有着更深远的意义，那就是可以让孩子学会对出现的问题负责任，学会有效沟通，学会对人、对己的尊重，这是孩子完整人格的重要组成部分。

下面这个故事读来令人感动，是一个儿童心理学家讲的他儿子的故事，很好地诠释了什么情况下要管教，什么情况下要向孩子表达父母的爱。

这个心理学家有一天下班回来，看到九岁的儿子跑过来迎接他，往常孩子都要给他一个大大的拥抱，可是那天没有，孩子满脸的沮丧和不安，跟他说："爸爸，我想跟你谈一谈。"

那天，爸爸非常累而且心情不好，意识到孩子不是要跟自己谈什么好事，觉得自己在这样疲惫的状态下很难公平地不带情绪地对待孩子，他就跟孩子说："我们能不能等一会儿再谈？"可是儿子还是跟着他进了卧室，局促不安地看着他换衣服，坚持说："我现在就想谈。"

当爸爸从后院进屋的时候，注意到有扇窗玻璃被打破了，他意识到可能这就是儿子要谈的内容。他装作什么都不知道地说："好吧，你有什么事情要告诉爸爸？"儿子哭丧着脸，讲了他和几个朋友在院里玩棒球，玩着玩着就靠房子太近了，不小心把一扇大玻璃窗给打碎了的事情经过。

这个心理学家看着孩子，意识到实际上孩子自从见到他之后，所有的行为的潜台词都在问一个问题，那就是："爸爸，我闯了这样的大祸以后，你还爱我吗？"

意识到这一点，他上前把孩子抱过来让他坐在自己的腿上，搂着孩子静静地待了一会儿，开口说："孩子，这没有什么了不起的，换块玻璃是很简单的事情，你只要注意以后玩的时候离房子远一点就好了。"

爸爸说，他能感觉到在听完了他的话之后，孩子的全身立即放松了下来，然后趴在他的怀里大哭起来。他搂着孩子坐在那儿，感受到纯净的爱在他们父子之间流动。

如果孩子在闯祸之后狡辩撒谎、推卸责任，或者假装懊恼来骗过父母逃避惩罚，父母要反思自己平时是否过于严厉。

这个心理学家的结论是：当孩子无心之下犯了错，自己认识到错了，无比的内疚沮丧时，这是一个非常重要的时刻，父母一定要表达出对孩子的爱。不要训斥指责，因为孩子已经知错了，让他对父母的爱没有怀疑是当下最重要的。如果孩子在闯祸之后狡辩撒谎、推卸责任，或者假装懊恼来骗过父母逃避惩罚，父母要反思自己平时是否过于严厉，是否没有让孩子感受到无条件的爱，才会使孩子想要逃避责任。

　　父母良好的判断力和自我反思能力在教育中一直都担当着无比重要的角色。

保护孩子专注力的方法

有位网友来信说，四岁的女儿做事总是不够专注。比如，她拿出过家家的玩具来只玩了一会儿，差不多也就五分钟，就又去玩别的了。再如，她选出一本书来让妈妈讲故事，还没讲完她又想到别的去了。即便她喜欢的书她也可能听着听着又不集中了。这位妈妈问我是否有什么办法可以帮助孩子改进，让她做事更专注些。

我回信告诉她：孩子专注力不够，往往是大人对孩子干涉过多造成的。无论孩子玩也好，看书也好，看电视也好，或者发呆也好，大人都别去打扰她，不要以各种正确的理由去打断她，给她独处的专注做事的机会。

很快这位妈妈又给我回了一封信，她说："非常感谢您的回复！您说的我大概明白了，会努力试试。不过想请教下您怎样掌握好管和不管的度？可能我的忍受度比较低，确实有很多事都要管她，又怕接下来会走入另一个极端——完全不管……关于孩子专注力的问题，我忽然想起她也有精神集中的时候：她特别喜欢玩豆子或者类似的细小东西，就是把这些豆子装到瓶子里再倒出来，如此反复可以玩上整晚。我虽然知道打断她不好，可是一想到那么多别的东西她都没机会玩，心里蛮焦虑的。看着

> 孩子专注力不够，往往是大人对孩子干涉过多造成的。不要以各种正确的理由去打断她，给她独处的专注做事的机会。

微信、微博上别的家长晒和娃活动的照片，一会儿是画画，一会儿是搞手工，一会儿是玩烘焙，感觉他们好有创意，再看我家这个只玩豆子，好忧伤……要怎样帮她引入新的兴趣呢？"

这个妈妈自己在信中其实已经揭示出了问题的答案："我虽然知道打断她不好，可是一想到那么多别的东西都没机会玩，心里蛮焦虑的。"问题在妈妈自己身上，是妈妈觉得自己孩子没有别人家孩子玩得高级，很焦虑，所以就去打断孩子玩"低级"的东西。可她不知道，正是这样的打断，才破坏了孩子的专注力，使孩子难以专心持久地做一件事情。

> 孩子自己喜欢玩什么，什么对于她才是最好玩的。
>
> 父母在头脑中给出的"高级低级"的判断和区别，严格说，是父母的虚荣心造成的。

孩子对喜欢做的或者感兴趣的事情，就会很专注，这是孩子的天性。我们观察一个一两岁的小孩子，他看东西或者玩东西时会全神贯注，眼睛都不眨一下。当孩子渐渐长大，这个专注力就会变弱了，因为大人对孩子的干扰太厉害了，几乎是无孔不入。

上文的小女娃喜欢玩豆子，豆子对于她来说就是最好的玩具。她反复玩豆子玩很长时间完全忽略了外界环境的时候，正是她发展专注力的关键时刻。如果没人打扰她，她一直处于忘我的境地，那么她的专注力就得到了发展，一直这样发展下去，她以后做事情都会很专注。

妈妈认为孩子眼下玩豆子而忽视了其他好玩的东西。这个"是否好玩"只是大人的主观判断，孩子自己喜欢坑什么，什么对于她就是最好玩的。玩具和活动都只是媒介而已，是为了让孩子获得各种体验，促使她的内在成长。每个孩子通往目的地的媒介不同，有的是画画，有的是跳舞，有的是玩泥巴，对于这个女娃，现阶段就是玩豆子。在促进孩子智力发育上，玩豆子和做手工、画画并没有高下之分，是父母在头脑中给出了判断和区别，严重点说，是父母的虚荣心给出了高下的判断。

从另一方面讲，孩子即使现在不搞"高档"活动，以后依然有无数机会接触到不同的玩具和活动。孩子不可能在几年之中玩遍所有的玩具、参与所有的活动，她的生命很长，有足够的时间去体验各种美好的东西，并不急在一时。

要求孩子和别人一样，或者比别的孩子强，是父母为了自己的面子，或者为了让自己安心，这对于孩子很不公平，不仅破坏了孩子的专注力，也伤害了孩子的自尊心和安全感。父母要做的是在自己身上下功夫，把自己的焦虑问题解决掉，才能够做到真正接受孩子，平和淡然地陪伴孩子成长。

仅仅就专注力这个具体的素质而言，父母在日程生活中如果能做到下面几条，便可以有效地保护孩子的专注力：

> 父母把自己的焦虑问题解决掉，才能够真正做到接受孩子，平和淡然地陪伴孩子成长。

1. 孩子讲话时，无论说得多么颠三倒四，都不要打断他，让他自己组织词句，把话说完。等他说完之后大人再用自己理解的意思复述一遍，看看理解得是否正确。

2. 孩子玩玩具时，就让他自己玩，无论怎么玩都不要打断他，吃饭、喝水、换尿布这些都可以等等再进行。有很多父母、祖父母，一看到孩子在独自玩，就会上前关心地问：你渴不渴啊？你要不要吃点东西啊？要不要尿尿？或者忍不住过去逗孩子，拿走孩子正在玩的玩具，或者告诉孩子：你这么玩不对，亲自给孩子演示"正确的玩法"。这些都是破坏孩子专注力的行为，除非孩子提出和大人一起玩，否则大人不要自己凑上去。屋子乱了也等孩子玩完了再和他一起收拾，不要半途去收拾从而打断孩子。

3. 孩子自己看书时，让他一个人静静地看。别去问他书里讲的是什么，或者让他当场复述，这些可以等到睡前陪孩子一起读书时再做。孩子反复看同一本书，不要跟孩子说，你都看过多少遍了，你来看看这本新书，让孩子自己决定看哪本书、看多少遍。

4. 孩子在看电视时，不要为他选择频道、帮他换频道，或者建议他去看"更好的节目"。在允许他看电视的时间段里，让他不受打扰地想怎么看就怎么看（有暴力色情等儿童不宜的节目除外）。

> 孩子先天具备专注力，大人只要不去干扰和破坏它，孩子自然就会集中注意力持久地做事。

5. 带孩子出去玩的时候，比如去主题公园，孩子对某个东西或者某项活动感兴趣时，会反复看反复参与，大人要让他尽兴，不要因为他错失了其他的"有趣"项目而逼迫他离开。带孩子去玩就是为了让孩子高兴，不是为了玩遍所有的项目。只要孩子高兴，孩子有收获，即使只玩了一个东西，那么花的时间和金钱也都值了。父母如果能认识到这个关键问题，就会释然多了。很多人拖着孩子走马观花地玩遍所有，孩子只有累的感受，不如让他玩透自己喜欢的项目。

6. 孩子有时候会一个人坐在那儿发呆，或者自言自语，他是在思考、在想象，一些很重要的东西在他的内心中正在成长。这个时候一定不要去问他问题或者建议他、命令他去看书学习。

7. 给孩子独处的空间，让孩子可以脱离大人的视线，一个人自由自在地想干什么就干什么。

对于孩子的专注力问题，父母需要明了的是：孩子先天具备专注力，不是培养出来的。大人只要不去干扰和破坏它，孩子自然就会集中注意力持久地做事。

怎样培养孩子的自理能力

回国看到好朋友的女儿十六岁了，吃饭时妈妈要把饭端到女儿眼前，把筷子递到她的手上，孩子不会做任何家务。我这个朋友身体不好，高血压，糖尿病，可是不管多累她还是不让女儿动手干一丁点儿的活。我到她家去玩，看到她女儿想帮着洗水果，妈妈马上说："你洗不干净，快放那儿等我来弄。"我问她孩子以后上大学了怎么办，她说到时候在孩子学校附近租个房子住，照顾孩子。她对我说："我要是不跟着，她什么都不会做，一点自理能力都没有，没法生活。"

> 寻求自立、自由是孩子的本能，而依赖的孩子是父母后天培养出来的。

这种情况并不是女儿不自立，不是女儿离不开母亲，而是母亲离不开女儿。母亲不愿意对已经长大的孩子放手，用事无巨细地包办和伺候来保留住孩子对自己的依赖，也保留住控制孩子的理由。可以说是母亲一手造就了"没有生活自理能力"的女儿。

寻求自立、寻求自由是孩子的本能，而依赖的孩子是父母后天培养出来的，儿童教育学家蒙台梭利每次演讲时都会说："孩子一直在向父母呐喊'请帮我，让我自己做！'"

父母在孩子长大后抱怨孩子不自立、啃老，没有意识到是自己要对此负百分之百的责任，而不是孩子。

有个网友来信说："孩子上初中了，有很多坏的生活习惯，说他，他不爱听也不改，可我还是忍不住要说，因为最后还是得我来给他擦屁股。比如，吃饭只吃半碗，天冷不穿衣服，已经冻感冒了还不穿。晚上不睡觉，早上起不来，提醒多少次也没用。"

一个上了初中的孩子，连自己吃多少饭、穿多少衣服都要被管着，他怎么能不叛逆，怎么能爱听父母的唠叨呢！我建议这位妈妈放手，让孩子自己做决定，从吃饭、穿衣开始，早上起床不用去叫，让他自己起，晚了自己承担后果，他以后自然就会调整自己的睡觉起床时间。妈妈回信说："那他真的就不吃饭了，他一定是不穿衣服然后感冒生病的，我早晨不叫他他是一定会迟到的。"

> 自理能力简言之就是孩子的事情他自己做。想让孩子有此能力，父母在孩子低龄时必须做到如下两点：
> 第一，舍得。
> 第二，不怕麻烦。

孩子一顿不吃饭饿不坏，一次饿着上课的经历会让他记住早晨还是吃点东西比较好，挨了一次冻他就知道适时加衣服了。其实是父母，心理承受不了孩子的行为脱离了自己的控制，怕失控不肯放手，所以强行用自己的意志去取代孩子的意志，生活上的琐事都替孩子来做决定。

这个孩子如果以后生活不能自理，不独立，责任在孩子吗？是父母从来没放过手，没给过孩子独立的机会啊！

自理能力简言之就是孩子的事情他自己做。想让孩子有此能力，父母在孩子低龄时必须做到如下两点：

第一，舍得。

父母往往担心孩子太小做不好，担心孩子累着，所以要事事代办。所以首先要舍得，肯放手才行。

第二，不怕麻烦。

对于大人来说，孩子一开始自己做事比大人替他做更要费心费力。比如喂孩子吃饭，省时间又干净，孩子吃得又饱，而让孩子自己吃，他要花很长时间边吃边玩，还会弄得一片狼藉，收拾打扫的时间比喂饭的时间还长。所以，想让孩子自立，家长不能怕麻烦，要有耐心陪着孩子慢慢成长。

我训练三猪吃饭，从一岁多就开始了。让他自己坐在儿童餐椅上吃饭，把每样东西放到盘子里，给他小勺、小叉子，让他随意吃。

那个阶段对于大人来说是最麻烦的，一顿饭吃下来，他的脸上、身上，桌子上、地上全是食物，能吃进嘴里的不多，大多数东西都被糟蹋了，还要重新喂一遍他才能吃饱。

对孩子，该放手时就放手。不论是生活，还是学习，尽量鼓励他们自己做。

但是很快他就知道怎么用勺子、叉子，怎么用小手把食物放进嘴里了，他会和全家一起享受吃饭的乐趣。到了两岁，他已经可以和我们坐在一起正儿八经地吃饭了。

等到再稍大一点，吃早饭的时候，我会提供几个选择，让他自己选，比如要吃面包还是麦片？面包上是抹果酱、花生酱还是奶油？如果选了果酱，再问，要抹哪一种果酱？

他选好了之后，我会把面包、果酱还有餐刀放到他面前，让他自己动手。一开始肯定抹得到处都是，厚薄不均，时间长了，他就会抹得很均匀了。

有一天，他看到我在烤面包片，问我他是否可以试一试。我说好啊，就让他站在椅子上，教他怎样把面包片放到烤面包机里，怎样拉下按钮，然后他很有耐心地和我一起等着，听到面包片烤好了跳起来的声音，他高兴得也跟着拍巴掌。

那天，他特别有成就感，将两片烤面包片都吃光了。从此，想吃烤面包他就会拖着凳子自己去烤。

渴了，他会开冰箱拿出饮料或者豆奶，再从洗碗机里拿出杯子，自己倒，倒完了，会记得把饮料瓶放回冰箱里去，用完的杯子也会放到水槽里。

我不再担心他渴了饿了，因为他自己能到冰箱里、柜子里找东西吃。

三猪两三岁的时候，我给他穿衣服，在衣服套进头里、胳膊也伸进袖子里以后，让他自己把衣服从胸口拉下来。然后过渡到他自己穿袖子，再到把一整件衣服穿好。

> 孩子能够照顾好自己的衣食，就迈出了自立的第一步。

穿棉衣，先把拉链拉到一半，然后让他自己拉上去，熟练以后大人只是把拉链扣对好，让他自己从头拉到尾，慢慢就学会穿棉衣了。

穿裤子时最开始先给他穿到膝盖，让他自己拉上去，然后就只帮他穿一条腿，让他自己穿另一条腿，最后穿整条裤子。在这个学习的过程中，一直鼓励他，让他觉得自己很能干。他每进

> 从一件最简单的小事开始，让孩子自己负责，持之以恒，就会看到成效。

步一点，得到妈妈的表扬，自己都会很得意、很兴奋。

记得他刚过四岁生日，每天就要自己选衣服、裤子和袜子穿，我拣出一件又漂亮又舒服的衣服，他头摇得像拨浪鼓，非拣那件又破又难看的往身上套。有钱难买愿意，他自己愿意，我就随他去，不去强迫他穿我选的衣服。

我也不再担心他冷了热了，他会自己加减衣服，极少感冒生病。

孩子能够照顾好自己的衣食，就迈出了自立的第一步。

孩子的潜力是父母难以想象的。所谓穷人的孩子早当家，就是穷困的生活条件把孩子的潜力挖出来了。我们现在生活条件好了，不需要逼孩子当家，但是至少不要扼杀孩子自理生活的机会。对孩了，该放手时就放手。不论是生活，还是学习，尽量鼓励他们自己做。

有时候早晨急着上班，大人很难有那么多时间和耐心等着孩子，看着孩子笨手笨脚、磨磨蹭蹭的，会忍不住动手帮他以便赶紧出门，这都是正常的，事有缓急。只要父母心里有个明确的理念，尽量给孩子机会自己做就行了。养育孩子是自我成长的过程，别去要求自己当完美家长，不要求自己完美就不会去要求孩子完美，孩子才有机会从容成长。对待自己和对

待孩子一样，都是尽最大努力就好。

从一件最简单的小事开始，让孩子自己负责，持之以恒，就会看到成效。我们家孩子，从上学前班开始，就是自己收拾书包，我从来不检查，丢了、落了东西，功课没做完，都自己解决。没想到，他们不仅学会了整理书包，也进一步学会了负责自己的功课，学校的功课都不用我操心。

父母只要肯放手，孩子都能够做到生活自理。真正难的是父母能明确自己和孩子之间的界限，不依赖孩子而生存，在孩子长大的过程中，慢慢地由主导者的角色转换成一个守护者的角色。所以想让孩子生活自理，父母要在自己的心理独立上下足功夫才行。

怎么教孩子懂得感恩

　　有个网友来信说，她过生日的时候让七岁的儿子给自己画幅画当生日礼物，谁知儿子反驳她："我过生日你都没有送礼物给我。"这位网友听了感到非常寒心，因为儿子每次过生日她都给他买大蛋糕，还请小朋友来一起庆祝，可是儿子却不记得父母为他做的一切。妈妈腿受伤了，儿子也不知道问问妈妈疼不疼呀或者说些关心之类的话。这位网友说，看到别人家的孩子都很懂事，自己家的孩子却不贴心、不懂事，是不是自己的教育出了问题？怎么能让儿子成为一个懂得感恩、懂得关心别人的人呢？

　　这位网友的信让我想起一个母亲和女儿之间的故事。那个母亲小时候很想要漂亮衣服而求之不得，她有了女儿之后给女儿买了很多漂亮衣服，可是女儿喜欢洋娃娃，每次到商店就想买洋娃娃，而妈妈觉得洋娃娃有一个就好了，买那么多干什么，所以总是拒绝买给女儿，却领着女儿去买穿也穿不完的衣服。我还看到一个妈妈在给儿子买糖，儿子说我想尝尝这种水果糖，妈妈说，都是色素，有什么好吃的，奶糖多好，又香又甜，还有营养。儿子坚持买水果糖，妈妈最后还是拿了奶糖放进购物车里。

> 这两个妈妈实际上都是在满足自己内在的那个小孩，而不是满足站在眼前的孩子。

> 父母常常下意识地用自己的意志取代孩子的意志，而没有看到孩子真正的需要。

这两个妈妈实际上都是在满足自己内在的那个小孩，而不是满足站在眼前的孩子。

父母常常下意识地用自己的意志取代孩子的意志，而没有看到孩子真正的需要。来信的网友在儿子过生日这件事上似乎也有类似的心结。每次生日妈妈给孩子买大蛋糕，请小朋友玩，是不是孩子自己要求的？还是妈妈觉得孩子应该如此过生日，而孩子更想得到生日礼物呢？妈妈跟孩子要生日礼物，可能正碰触到他得不到生日礼物的隐痛，所以他产生抗拒，有了"你不给我礼物我为什么给你礼物"的言辞。

如果父母为孩子做的并不是孩子真正想要的，他或许也高兴，却很难在心里产生满足、感恩的感觉。孩子的个人意志和愿望得不到实现，心里会很郁闷、很空、很愤怒，我们每个人在儿时大概都有过类似的体验。

> 如果父母为孩子做的并不是孩子真正想要的，他或许也高兴，却很难在心里产生满足、感恩的感觉。

妈妈要学着看到并满足孩子的真正需要，在孩子下一次过生日的时候，问问孩子想要什么，想怎么过，无论他的想法是否合大人的意，都按照孩子的意愿给他过个生日。

从根本上讲，想让孩子懂得感恩，首先要让孩子拥有真正的快乐。一个快乐的孩子自然会对天地万物拥有好奇心，拥有善良和感恩的能量；一个不快乐的孩子是不会有精气神去感恩别人的。而一个快乐的孩子一定是得到了充沛的爱的滋润、心理上得到了满足的孩子。父母要在无条件地爱孩子上下功夫，并营造温馨的家庭气氛，这对于孩子的各个方面成长都有助益。

妈妈摔伤了脚，正是教孩子关心妈妈的好时机。可以告诉孩子："妈妈的脚很疼，宝贝来给妈妈吹吹揉揉妈妈就不那么疼了。"或者喊孩子给

> 想让孩子懂得感恩，首先要让孩子拥有真正的快乐。

自己倒杯水，拿个苹果，让他帮助行动不便的妈妈做事。还有一个教孩子关心别人的方式，就是在爸爸需要关心的时候，妈妈带着孩子一起去做。

爸爸妈妈还可以经常带着孩子一起去关心奶奶爷爷和姥姥姥爷，那么在这个过程中，孩子不仅学会了关心人的方式方法，也能找到自己在大家庭中的归属感和存在感。父母关心老人的榜样作用比什么说教都有效，身教重于言教。

父母还要留心给孩子提供关心和帮助他人的机会。比如，让他把自己不玩的旧玩具收集起来，送给需要的小朋友，把他穿小的衣服捐赠出去，让他帮忙照看比自己年纪小的小朋友，帮着邻居照顾宠物或者花草，帮妈妈做力所能及的家务，等等。让孩子享受到帮助别人的快乐，这不仅有助于他增长感恩的心、学会关心他人，还可以帮助他增强自信心。

大人不要在心里评判孩子，别给孩子贴"不如别人家孩子懂事，不贴心"等负面的标签。七岁的孩子还理解不了父母为他做事是爱他的表现，他应该感激，孩子越小越觉得父母满足他是天经地义的，这是他生存的根基。孩子做了让父母感到"寒心"的事情，问题不在孩子

那儿，问题出在父母自己的感受上，是因为父母在心里设定了一个"孩子应该怎么样""孩子应该做到什么"的标准，所以觉得孩子的行为难以接受。父母如果能接受孩子，那么看到了孩子言行不当之处，会把它当作好事，因为它让父母意识到孩子在什么地方需要帮助。

养育孩子中，最忌讳拿自家孩子跟别人家孩子比较，这会极大地伤害孩子的自信心。真要比，比比自己是不是比别的父母更有耐心、更接受孩子。

当我们看到了孩子的问题，或者忽视了孩子的真正需要的时候，其实就是显现自己内在创伤的时候，是给自己提供了一个内省和修复的机会，我们要抓住这个机会修复内在创伤，使自己的心灵得以成长。孩子是来帮

助我们的，我们看到的孩子的问题，其实都来自我们自己的心里，这是问题的根本。

父母内心圆满，能够完全接受自己了，才会接受孩子。只有自己的心中充满了爱，才有爱流向孩子。而孩子感受到了父母无条件的爱，他就会用无条件的爱去爱父母，爱别人，爱这个世界。

美国老师怎么对待孩子的坏习惯

我到孩子的学校去做义工，看到孩子班上有个小男孩吃手吃得很厉害，上课时左手大拇指几乎一直放在嘴里。偶尔他把手拿出来，可以看到大拇指已经变得惨白肿大，指甲极短，缩在肉里，孩子好像不知道疼一样，不一会儿又把手指放进了嘴里。

班主任向学校的心理咨询师反映了这个孩子的情况，心理咨询师来到班上观察了两次之后，把这个孩子的家长请到了学校。

针对孩子吃手的问题，她给孩子妈妈的建议如下：

1. 给孩子买一种运动用的饮水杯，杯口是塑料吸嘴，只有使劲咬住吸嘴才能喝到水；

2. 让孩子用吸管喝水、喝饮料；

3. 给孩子带一种可以咬着玩的项链，项链坠是塑胶材料的，和咬手指的口感很像。

4. 给他买各种口香糖，让他大量地嚼口香糖。

心理咨询师向家长解释这么做的目的时说：上面这些做法会减少孩子吃手的频率，却不是为了矫正孩子，而是不希望班上其他同学因为他吃手而笑话他，不和他玩，怕他因为吃手太多影响了交朋友，所以用这些方法或掩饰或替代他吃手的行为，根本上是为了转移其他孩子的注意力。

她说低龄儿童吃手是很常见的行为，还有的孩子咬衣服、咬被角，有的女孩子咬自己的头发梢……这些孩子有可能在紧张的时候用咬东西来缓解情绪，还有可能就是口唇发育期没

> 因为孩子吃手去批评否定孩子，会把孩子表面的行为转化为内在的心理创伤。

有过渡好。不过不管原因是什么，孩子如果有这个需要，父母就要想办法满足他，可以用某些替代物，或者给孩子更多的有效陪伴来帮助孩子，绝大多数孩子过了五岁就不再吃手了。

父母一定不能因为孩子吃手去批评否定孩子，更不能打骂惩罚，那样会把孩子表面的行为转化为内在的心理创伤。

> 在孩子不吃手的时候表扬他，而不是在孩子吃手的时候惩罚他。

她说这个行为本身并不会对孩子造成什么严重的影响，可见的坏处是会对拇指皮肤不好，还有就是对牙齿不好，换牙的时候容易造成新牙长歪。

随后她给了家长一份美国牙医协会针对孩子吃手给学龄家长的建议书：

1. 在孩子不吃手的时候表扬他，而不是在孩子吃手的时候惩罚他；

2. 如果孩子吃手是由情绪紧张、缺乏安全感引起的，那么去解决那个引起孩子焦虑的问题、安慰孩子；

3. 如果孩子吃手是因为无聊，那么带孩子参加一些有趣的活动；

4. 只有在上面这些措施都不起作用的情况下，才考虑给孩子手指上贴创可贴提醒、晚上给手戴上手套或者袜子睡觉。

我想起国内的父母给孩子手上抹辣椒水、抹药水来对治孩子吃手，遂向心理咨询师请教这样做是否合适。她回答说父母那么做不合适，会影响孩子对外面世界的信任，容易给他心理留下阴影。孩子幼小的时候吃手可以用安抚奶嘴来满足孩子，幼儿期和学龄前后，大人多给孩子安抚和爱会更积极有效。

> 孩子反复出现的行为背后一定有着某种心理上的需求，找到孩子不良行为背后的诉求，努力去解决问题、满足孩子，才是治本之道。

　　她说，孩子反复出现的行为背后一定有着某种心理上的需求，学校在这方面能做的其实很有限，需要父母更多地去关注孩子，透过表面的行为挖掘到本质问题，找到孩子不良行为背后的诉求，努力去解决问题、满足孩子，才是治本之道。

　　在这个过程中，保护孩子的自尊心，让孩子感到来自周围环境的爱护和善意是最重要的。

小孩是从哪里来的

有一天全家出门，在车上小儿子三猪突然冒出一句："妈妈，小宝宝是从哪里来的？"

在两个什么都明白的大孩子面前，我有点犹豫该怎么跟他讲，踌躇间，凯丽对弟弟说："以后学校会专门上课的，你到时候就明白了。"三猪锲而不舍："我现在就想明白。"小州从前排回过头来建议道："你到图书馆借本书看吧，这个问题别人不太容易说明白。"

我连忙点头附和道："我们明天就去图书馆找书看。"

两个大孩子没有问过我这个问题，所以这是我第一次在图书馆查阅这类书籍。看到一本书叫《我是从哪里来的？》（*Where Did I Come From*？），作者是Peter Mayle，Lyle Stuart Inc.出版。封面特意标明该书已经发行了两百万册，我翻了几页，嘴巴大张，久久合不上，当真是吃惊又好笑。

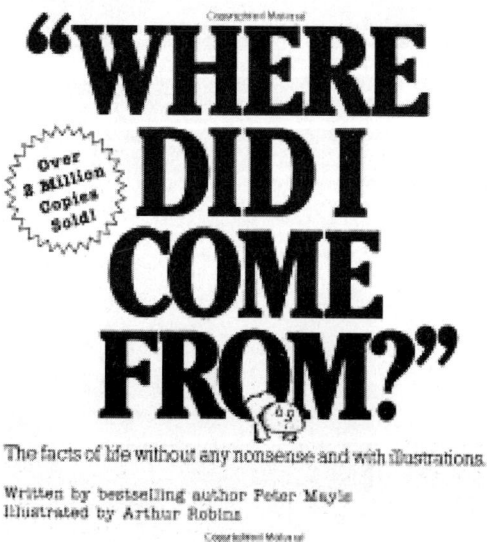

"**WHERE DID I COME FROM?**"

The facts of life without any nonsense and with illustrations

Written by bestselling author Peter Mayle
Illustrated by Arthur Robins

书的开头写道：

我们之所以写这本书是因为很清楚你很想搞明白你到底是从哪里来的，这一切是怎么发生的，而且我们深知能不脸红地向你说明真相有多么难。

在写之前，我们问了一些男孩和女孩他们认为自己是从哪里来的，一些答案是这样的：我是白鹤送来的；一天夜里猫把我带回了家；妈妈在医院里发现了我；我是仙女送的圣诞节礼物……

现在你知道这些答案没有一个是真的，真相比这些更有趣：小孩是被大人制造出来的。其中一个必须是女人，另一个是男人。也就是说，两个大人制造了你，一个是你的妈妈，另一个是你的爸爸。

现在，假如你把妈妈爸爸一起放在浴盆里，你会发现他们之间的不同。他们的身体有些部位是不一样的，这些不一样使得他们能够制造出你来。

然后书中详细描写了男女生理上的区别和做爱过程，并用了很多图片做了佐证。

在解释了女性乳房的特点和功能之后，开始讲解男性生殖器：

图中被打红星星的部分在书中是被清晰地画了出来的

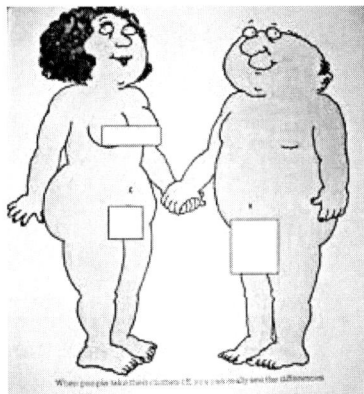

在书中所有部位都是明明白白显露的

你往下看，男人和女人在两腿之间都有很多毛发（不要担心这个，等你长大后你也会有），比较重要的是你注意在男人的两腿中间悬了一个东西，而女人没有。你们所有的男孩都有，随着你的成长它也会越长越大。和乳房一样，这个部分有很多不同的名字，但是它正确的名字叫作阴茎。

那么女人两腿之间有什么呢？她有一个小小的通道叫作阴道。如果你能记住这两个名词"阴茎"和"阴道"，那么我们可以开始讲述一个小宝宝是怎么被制造出来的。

最开始一个男人和一个女人一起躺在床上（这通常发生在床上，因为床比较舒适）。这个男人爱这个女人，所以他给她一个亲吻，然后她给他一个，他们紧紧地拥抱在一起，这个时候，男人的阴茎开始变硬了，而且比平时大很多，它变大了是因为它有很多工作要做。

此时男人想要尽可能地贴近女人，因为他很爱很爱她。而最好的贴近她的方式是躺在她的上面然后把阴茎放进她的身体里，进入阴道之中。对男人和女人来说，这个过程会带来很美好的感觉，他喜欢进入她的身体，她喜欢被进入，这叫作"做爱"，因为它源于他们是相爱的。

很难用语言解释那种感觉，如果你能想象一下，你的肚皮上面有非常轻微的带点刺激的痒痒，然后蔓延到全身，大概能让你有点概念。你知道当你觉得痒痒时，你会想要动一动，扭扭身体，做爱也是一样的，只不过动的方式比较特别。

这个过程通常一开始比较慢，然后变得越来越快，那种痒痒的感觉也越来越强烈。

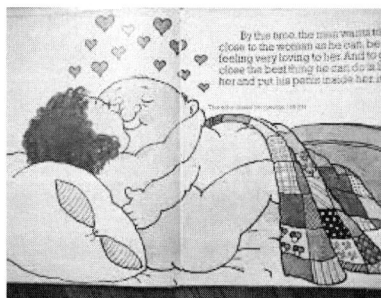

现在你或许会想，既然它感觉那么好，为什么人们不整天做？有两个原因：第一它会让人非常疲倦，比打球、跑步、跳绳、爬树或者做其他所有的事情更累；第二个原因是当痒痒到最后会有很美好

的事情发生：开始制造宝宝了。

当男人和女人一起使劲地扭动你以为他们俩要爆炸的时候，他们会在突然来临的巨大的可爱的颤抖中结束了上下摩擦。（再次说明，很难用语言说明那感觉，不过你知道，当你鼻子一直痒痒，痒痒很长时间，到最后你一定会打一个很响的喷嚏，这有一点像那个感觉。）

不管你信不信，这个痒痒之事是你我、我们所有人的起始。

然后开始讲精子怎么游泳去找卵子，怎么形成受精卵，然后怎么在妈妈子宫里度过九个月，每个月会长出什么器官，怎么生出来……

书中最后说道：

现在你知道你是从哪里来的了。你也许会想好像要做很多艰苦的工作才能得到个小孩，但是你的爸爸妈妈有一个非常棒的理由去经历这一切。

如果你想知道为什么，就去照照镜子好了。

所有的一切都是想要有你。

书中虽然对男女生理上的区别和做爱过程进行了"赤裸裸"的描写，不过读来并不觉得色情，整个过程详尽而美好。

可我觉得无论多么美好，对于中国父母来说，好像也是难以接受和孩子一起读这种书的，因为我们的文化就是要隐讳这件事，就是不能跟任何人去讲、去提的，更别说孩子了。古时候直到出嫁前夜妈妈才会跟女儿讲解闺房之秘。

但是我们可以从美国人的描写中借鉴一些东西，比如虽然不去跟孩子

一个卵子如何能拒绝这样一个精子呢

讲解细节，但可以强调父母因相爱而结合，所以会生出小孩，强调这是爱的过程，强调孩子的独特性。

我是这样跟三猪解释的：爸爸妈妈相爱了，然后我们决定相伴一生，所以我们就结婚了。结婚后我们两个人住到了一起，这个时候我们俩都想要一个孩子，我们就做爱，然后就有了小州，过了几年，我们觉得还想要一个小孩子，就有了凯丽。又过了几年，爸爸妈妈都特别特别想再有一个可爱的孩子，一个独特的孩子，所以我们就有了你。每个小宝宝都要先在妈妈肚子里生长，那个时期的名字叫胎儿，长到九个月，就到医院去把小宝宝生出来了。

> 父母在回答孩子的问题时，无论是多么尴尬多么难以回答的问题，基本态度都应该是坦诚的，不能去骗孩子，这是对孩子起码的尊重和信任，也是让孩子能够信任和尊重父母的基础。

我把怀孕大着肚子的照片拿给他看，讲了爸爸给他剪脐带的故事，然后又给他看他在医院刚出生时的照片和他的小手印、小脚印，还给他看了出生记录，他的体重、头围等各种指标，妈妈给他喂奶的照片，等等。

他没有再接着问什么是"做爱"，我想这是父母最难以回答的问题了。三猪的注意力当时已经完全从小孩最开始怎么来的转移到小孩出生以及出生后的喂养过程上了，对自己的出生充满了各种惊叹。

我提前准备了他出生的照片资料，就是觉得孩子的注意力很容易就会转移，不会再深入问下去。如果他当时问了的话，我的设想是参考上面那本书里的说法，跟他说，"做爱"就是爸爸妈妈睡觉前聊天，接吻，然后做爱做的事。假如他还要接着问细节，我就直接把书给他看。

我认为父母在回答孩子的问题时，无论是多么尴尬多么难以回答的问题，基本态度都应该是坦诚的：可以说自己不知道，可以说我现在不想告诉你，可以说等我去查查书找到答案再来告诉你，还可以平等地去和孩子讨论，但是不能去骗孩子，这是对孩子起码的尊重和信任，也是让孩子能够信任和尊重父母的基础。

孩子学习不够努力怎么办

有个妈妈来信说，她的女儿十四岁，今年上初三。自从孩子上了小学，大人在精神上就没感觉轻松过。小学开始就分好坏班，每年根据上一年的成绩重新分班。为了孩子不至于分到差班，家长的压力比孩子还大。这位妈妈对孩子的学习抓得比较严，女儿上小学时成绩较好，但老师反映孩子学习的主动性不是很高。

小学毕业后，孩子进了一所重点初中。因为不知道他们在学什么，家长也无从帮助孩子的学习。孩子从中学起对iPad很着迷，课外的大部分时间都在看iPad，在上面看录像或者看电子书。

> 如果一个孩子在学习上缺乏动力和上进心，通常是由于在他的成长过程中，父母对待他的方式错了，使孩子丧失了天生具备的上进的动力。

在家做作业也是边做边玩iPad。初一成绩很不理想，到了初二，成绩依然不太理想。初二结束的假期，妈妈请了一个月的假在家帮她复习功课，但她也只是迫于无奈才配合家长，不是自己主动要求妈妈为她补课。总觉得孩子对什么都不是很上心，考不好也觉得无所谓，自己从来不着急，每天手机不离手，做作业时也是时不时拿起手机检查同学们的通话情况。曾经规定她做作业时把手机放远点，完成作业后再看，但不奏效。

每天写完老师布置的作业就看自己的故事书，从没见她主动看过课本。

爸爸有一天就此事向她发了火，说她学习不主动，这样下去很难考上大学。孩子自己觉得很委屈，说自己已经很努力了，父母还嫌她不够努力。妈妈说有时候真的觉得养孩子太累了，当初不如不要孩子，她问我怎样做才能改变孩子的现状。

这个妈妈的信代表了很多父母对于孩子学习的看法，觉得孩子不够主动，不够努力，成绩不理想。

> 从上学那天起，父母就应该让孩子明白学习是他自己的事情。

从天性上来说，每个人都有自尊心、上进心，孩子都希望自己能取得好成绩，得到父母老师的肯定和赞赏。如果一个孩子在学习上缺乏动力和上进心，通常是由于在他的成长过程中，父母对待他的方式错了，使孩子丧失了天生具备的上进的动力。

写信的妈妈说她对上小学的女儿学习抓得比较紧，那么她是怎么抓的呢？如果用紧迫盯人的方式让孩子反复做练习，不做完不能玩，每天孩子像苦刑一样地被迫地学习，孩子一定不喜欢学习，也没有什么动力。如果妈妈把该学什么该做什么都为孩子安排好了，那么孩子也不用上心管，也做不了主。孩子根本不用具备学习的主动性，妈妈已经替孩子主动了。

> 父母的支持和鼓励，是让孩子产生上进心的动力所在。

从上学那天起，父母就应该让孩子明白学习是他自己的事情，慢慢放手让孩子自己安排，自己负责，这样孩子才能具备自主安排的能力。

这个孩子考上了重点初中，同学的素质比小学时要好得多，她想要取得好成绩一定比以前难。当孩子考了很差的分数时，孩子心里会充满挫折感和无奈，还有恐慌和自弃。这个时候父母要给予孩子鼓励，在心理上疏解她的压力，告诉孩子初中的学习完全不同于小学，鼓励她摸索出适合自己的学习方法，尽力而为。关键时刻一定要在"士气"上鼓励孩子，父母的支持和鼓励，是让孩子产生上进心的动力所在。

有一个十五岁考上了清华大学的女生，谈起她刚上高中时的第一次化学考试，只考了27分，回到家里，神情黯然。爸爸问明原委后，笑着对女儿说："别说27分，就是7分也没关系，你意识到了自己的薄弱环节，又知道了努力的方向，还有赶不上的道理？"孩子听了浑身轻松，以后化学成绩一路飙升。

父母不要在具体怎么去学、怎么有效率上下功夫，那是孩子自己的事，父母要像上面这个爸爸那样，在鼓励孩子、支持孩子上下功夫，给孩子正能量，给孩子的爱之罐加满了，孩子自己就会调整学习方法，争取做到最好。孩子只有感受到了父母的爱，她才有能力去发展自己的主动性，否则，她心里明白，却做不到，她没有足够的能量支持自己。

父母不能恐吓孩子，不好好学习就考不上大学，孩子想起学习就和痛苦联系在一起，他是不会喜欢学习的。现在的教育体制下，孩子在学校天天被比较着、感受着学习成绩的重要性，神经都麻木和倦怠了。如果父母在家里还唠叨这件事，眼睛只放在成绩上，看到成绩不如意就粗暴地说孩子不够努力，孩子就要自暴自弃了。

写信的妈妈和很多父母一样，不喜欢孩子看课外书，认为是浪费时间，觉得做练习、看课本等都比看课外书重要，这实在是家庭教育的一大误区。我觉得最应该鼓励孩子去做的事情就是广泛阅读，没有什么比课外阅读对孩子的学业和人生帮助更大的了。她阅读的这些故事书也许暂时对考试成绩没有帮助，但至少会对她写作文有帮助。从长远看，她从课外阅读中汲取了很多人文知识和素养，做了大量知识上的储备，以及视野境界的提升，对于她未来的高中和大学的学习都会大有裨益，同时阅读还会加深她对人生和社会的理解，帮助她成熟和成长。读书还能陶冶性情，苏东坡说："腹有诗书气自华"，广泛阅读能让人谈吐不俗，志趣高远，对问题见解深刻。如果孩子能够一直保有阅读习惯，他终其一生都会过着有质量、有内涵的生活。

> 如果孩子能够一直保有阅读习惯，他终其一生都会过着有质量、有内涵的生活。

青春期的孩子，渴望友情、渴望独立，父母要给孩子一些自由和独立

> 父母如果和孩子一直处于对抗状态，孩子有心事就不肯跟父母讲，一旦他在外面遇到了难以抉择的事情，就有可能做出错误的判断，做出傻事来。

的空间，别在怎么做作业上和孩子纠缠，那是孩子自己的事情，让她自己安排。这个阶段父母要在意识形态上多和孩子沟通，关注孩子的交友情况。要求孩子全部心思都放在学习上、课本上，是违背人性的，也不利于孩子身心健康。孩子的生活不仅仅是学习，将来他还需要很多其他方面的能力在社会上立足，要给孩子空间机会去发展那些能力，比如交朋友的能力、与人沟通的能力，还有视野的开阔，这些比她的成绩更重要。

父母如果和孩子一直处于对抗状态，孩子有心事就不肯跟父母讲，一旦他在外面遇到了难以抉择的事情，谁能帮他排解呢？孩子就有可能做出错误的判断，做出傻事来。

我在美国某网站上看到过下面这个故事：

父亲从女儿的房门前经过，发现女儿房间里的被子叠得规规矩矩，所有的东西都收拾得整整齐齐。枕头的中央放着一封信，上面写着"爸爸收"，他心中升起一股不祥的预感，颤抖着拆开了信：

亲爱的爸爸：

写这封信的时候，我心中充满了内疚与哀伤，因为我要离开家了。

为了避免你和母亲的阻拦，我和我的新男友萨伊姆不得不这样私奔。我是真的对萨伊姆产生了感情，他对我也特别好。相信你见到了也会喜欢他，虽然他有耳洞和文身，穿着奇装异服。

爸爸，不仅仅是因为感情，我还怀孕了！萨伊姆想让我生下这个孩子，我们从此幸福地生活在一起。虽然他比我大很多(42岁的男人，在现今社会还不算太老，是吧？)，还没有钱，但这些不应该成为我们感情的障碍，您说对吗？

萨伊姆在森林中拥有一个简易房，还有一摞木头，那会是我们一个冬天的取暖燃料。

虽然萨伊姆还有其他的女朋友，但是我知道他会用他的方式对我表达忠诚，他想要和我生很多孩子，现在这也变成了我的梦想之一。

萨伊姆会教我种大麻，我们会用大麻和朋友们交换可卡因和摇头丸。同时我们也祈祷科学家能尽快找到治愈艾滋病的方法，让萨伊姆的身体好起来。

爸爸，不要担心，我已经十五岁了，我知道怎么照顾自己。有一天我们会一起回来看望你们的，到时候你就能看到你的外孙了。

爱你的女儿　罗丝

在信的底部有几个字：请看反面。

手颤抖着，爸爸把信翻了过来：

> 生活中有好多事情比成绩单糟糕得多。有些事情一旦发生了，万劫不复。父母要有大局观。

爸爸，刚才您读到那些没有一条是真的，我现在就在邻居家里。我只是想提醒您，比起我的成绩单，生活中可能会发生很多更糟糕的事情。成绩单就在书桌中间的抽屉里，请您签上名。如果我可以安全回家了，请打电话告诉我。

我爱你。

我想说的也是故事中的女孩想说的话，生活中有好多事情比成绩单糟糕得多。即使孩子的成绩一直都不好，退一万步讲，孩子考不上大学，孩子也不会有问题，他照样可以有出路，照样可以拥有幸福生活。可有些事情一旦发生了，万劫不复。父母要有大局观，看到孩子成长的大的画面，成绩是芝麻，让孩子自己管，父母要管西瓜，也就是孩子的人生观、交友观这些问题。

使劲儿盯着孩子学习成绩的父母，担心孩子考不上大学的父母，仔细想想，究竟是什么让自己焦虑和恐惧呢？

孩子怎么做你就会觉得快乐满意呢？他放学后就抓紧时间学习，主动做功课，完成后做额外的功课，全部时间都用来学习，是不是自己就会欣慰和安心？

如果孩子全身心都放在学习上了，成绩依然达不到班上的中游，你还会不会继续焦虑呢？

如果孩子考了前几名，即使他没有把时间都放在学习上，你是不是比现在的感觉要好些？

> 本质上说，是未来的不确定性让家长焦虑担心，这个不确定性来自家长自身缺乏足够的安全感。

根本上说，是不是孩子的排名，和同龄人竞争会落后的恐惧，让你不安？这个不安让你想象他未来还是比不上别人，会不成功？

你给成功的定义是什么呢？孩子有一份自食其力的工作，有个和睦的家庭，叫不叫成功呢？孩子现在绷紧了每一根弦去学习和每天回家都休息一下放松自己，能不能同样取得你认为的成功呢？

孩子上了一般的大学，或者不上大学，真地就没有未来吗？上了重点大学就有未来了吗？你想象的那些真地会发生吗？

你担心孩子的未来，担心的到底是什么呢？

如果父母能静下心来，认真地、诚实地思考这些问题，把自己焦虑的问题写下来，也把答案写下来，审视自己的答案，看看自己担心的那些是不是真地会发生，会发现那是我们因恐惧而产生的推测和想象。

本质上说，是未来的不确定性让家长焦虑担心，这个不确定性来自自己缺乏足够的安全感。所以父母真正要做的是在加强自己的安全感上下功夫，认识到老天让我们每个人生存于世，会给每个人活法和出路的，孩子自有他自己的路可走。别去为孩子的未来焦虑，焦虑并不会解决问题，只会把现在的生活搞得一团糟，也会让孩子变得焦虑和不快乐。对孩子更不能流露出当初不该要孩子的念头，那是对孩子的彻底否定，孩子是为了丰富我们的生命而来，是为了帮助我们成长而来，看到了这个，就看到了生命的真正意义。

孩子所有的问题，父母均可以从亲子关系入手解决。密切和孩子的关系，看到孩子的长处，每天都和孩子深入聊聊天，多给孩子鼓励，给孩子信心，告诉孩子他未来一定会很好，很成功，孩子就会好给你看，会成功给你看，父母的嘴里有孩子的未来。全家人经常一起活动，彼此欣赏，彼此相爱，让孩子感受到家庭的温暖和爱，这会给孩子的未来最大的助力。

家长焦虑并不解决问题，只会把现在的生活搞得一团糟，也会让孩子变得焦虑和不快乐。

我们要相信孩子将来会比父母这代人更幸福，要相信孩子，别让恐惧蒙蔽了自己的双眼。

以其人之道还治其人之身

我每天都会收到读者的来信，问题五花八门，有时我会跟老公讨论一番，他能从男人的角度给我一些启发和建议。

有一天，我在饭桌上和老公讨论一个女网友的问题：老公不能生育，对领养孩子的兴趣也不大，那么她本人是该离婚还是该去领养一个孩子？我们正聊得热乎，刚进入青春期的女儿凯丽在一旁突然插话说："妈妈，这个问题很好回答，他们应该去领养一个孩子。"

我扭头看着她兴趣盎然地问："你觉得该领养？为什么呢？"

和小朋友一起玩是为了快乐，不是为了赢。

"如果你真正爱孩子，领养的和自己生的是一样的，你都可以用心去爱他们。人在结婚的时候发过誓，不管对方贫穷还是生病等等都不能背弃，所以不能因为没有孩子而离婚。"

她说得有理有据，我和老公频频点头，对她赞赏有加。我们的态度极大地鼓励了她，她挺胸抬头又问道："妈妈你还有什么问题，我帮你回答。"

"有个妈妈问，她八岁的儿子和小朋友一起玩游戏的时候，如果输了，就会非常不高兴，闹情绪，一定要赢回来才行。该怎么办呢？"

"妈妈应该告诉他，和小朋友一起玩是为了快乐，不是为了赢。"这一句她是用英语回答的："Playing with friends is for fun, not for win."

"有个三四岁的孩子在家里玩水，把裤子玩湿了，爸爸下班回家，看到后对她说：'你看你把裤子都弄湿了，会感冒的，赶紧去换了，别玩了。'可是小孩不肯去换衣服，说她还没玩够。爸爸生气地说：'到时候感冒了看你怎么办，没有人管你。'孩子听了就委屈地哭了。这件事情是谁做错了呢？"

"是爸爸做错了，他不应该那样说孩子。孩子如果觉得裤子湿了不舒服，自己会说的，她不在意说明衣服湿了她不觉得有什么了不起。爸爸可以建议孩子去换衣服，不应该威胁孩子。"

凯丽对于问题有自己的看法，观点清晰明确，令我刮目相看。她告诉我，以后有什么问题都可以问她，她帮我回答，我连连点头，这下子我又有一个从孩子角度看问题的参谋了。

从此，在饭桌上她最热衷的话题就是帮我回答问题。渐渐地，她回答问题的过程，变成了我了解她的一个手段。通过她的答案，我对她如何看待世界有了更深的认识。

后来我就把成长中的女孩在学校和社会中有可能遇到的问题，用问问题的方式请教她，然后和她一起讨论。因为讨论的是别人的问题，所以她会很自然地把内心的想法和我交流，我顺势把一些健康的观念传递给她，她不觉得我是在对她进行说教，很自然地和我讨论，毫无抗拒感。

有段时间，我对于凯丽房间乱很有意见，有一大我灵机一动，问她："有个小朋友的房间很乱，自己不整理还不让妈妈帮着整理，妈妈该怎么办呢？"她问道："那个小朋友的房间有多乱，比我的房间还乱吗？"听得我忍不住大笑出声。孩子其实很清楚父母的要求，对于自己的现状心里有数着呢。

和孩子讨论"别人的问题"的做法，会帮助父母深入了解孩子的世界观和内心世界，借此建立起和孩子之间的沟通渠道，也通过讨论提高孩子认识问题的能力。

对于这个问题，她是这么讲的："妈妈看着房间乱，其实对于孩子来说，那并不乱，有它自己的规律在里面，如果妈妈觉得太脏了，可以规定多长时间打扫一次，让孩子自己整理，妈妈不应该去动孩子的东西，那都是有秩序的。"

我过了几天就像她说的那样对她提出了要求，她的房间变得整齐多了，我也不再为这件事和她多费口舌了。

后来，我把希望她能做到的事情，当作别人的问题来问她，用她自己的办法来对治她，屡屡见效。

> 即使双方各持己见，不能达成一致，也没有关系，你的说法已经进入了他的心中，会在潜移默化中影响他。保持和孩子之间的沟通渠道畅通是最重要的。

这种和孩子讨论"别人的问题"的做法，会帮助父母深入了解孩子的世界观和内心世界，借此建立起和孩子之间的沟通渠道，也通过讨论提高孩子认识问题的能力，一方面避免他自己以后犯类似的错误，另一方面也帮助他从不同的角度看待别人的问题，多一些对他人的同情心和同理心。

在讨论的时候要注意的是：多倾听，少评断，一定不能去批评否定孩子的观点，大人一批评，沟通的门就关上了。假如不同意孩子的说法，可以说："你说的也有道理，不过我是这样理解的……"或者"你是从这个角度看待，我是从另外一个角度看的……"

即使双方各持己见，不能达成一致，也没有关系，你的说法已经进入了他的心中，会在潜移默化中影响他。而他的说法也进入了你的脑海，你事后仔细回想，会发现孩子也有道理，也可以那样处理问题。

保持和孩子之间的沟通渠道畅通是最重要的。

怎样把违反人性的教育变得人性化

有个妈妈给我来信说，儿子喜欢别人肯定他、表扬他，不能真心接受别人的批评，包括老师和家长的，问该怎么去纠正他。

我们大人喜欢听表扬还是喜欢听批评呢？日常生活中有谁真心喜欢听批评吗？畅销世界的自我成长书籍《人性的弱点》（中国发展出版社出版），主要就讲了这个道理：人性深处最强烈的需求是渴望被肯定、被欣赏、被认可，不喜欢负面的评价，人会和喜欢自己的人交朋友，远离不欣赏自己的人，这是人性的一部分。可是家长却要求孩子真心接受批评，这是不是违反人性的要求呢？

人性深处最强烈的需求是渴望被肯定、被欣赏、被认可，不喜欢负面的评价，人会和喜欢自己的人交朋友，远离不欣赏自己的人，这是人性的一部分。可是家长却要求孩子真心接受批评，这是不是违反人性的要求呢？

我们大人应该做的是，学习如何说话孩子能够接受，对待孩子以肯定鼓励为主，当希望孩子改正某些行为时，告诉他怎么做是对的，取代批评他做错的地方，说的其实是同一回事儿，但是孩子的感受却截然不同。

当希望孩子改正某些行为时，告诉他怎么做是对的，取代批评他做错的地方。

比如，孩子的字写得歪歪扭扭，不要去批评

他字写得不好，而是告诉他，如果把横写直了，字就会好看很多。又如，孩子直接把玩具从小朋友手里抢了过来，告诉他，你想玩玩具要先跟小朋友打招呼，问问他是否可以给你玩，这样才是有礼貌的行为，然后让他把玩具还给小朋友，按照有礼貌的方式做一遍，这样比批评他"你怎么这么没有礼貌，怎么能直接抢人家手里的玩具"更能让孩子接受，也更有效果。孩子既知道应该怎么去做了，自尊心也得到了保护。再比如，孩子弹琴弹错了，大人可以说："你试试把这个音节拉长到四拍再弹一次。"肯定比"你怎么又弹错了！这个音节明明该弹成四拍"效果好得多。

> 批评孩子而能让孩子接受的秘诀：要像三明治，批评是肉，夹在表扬的两片面包里。

三猪的校长曾告诉家长们一个批评孩子而能让孩子接受的秘诀：要像三明治，批评是肉，夹在表扬的两片面包里。也就是说，先表扬，再批评，最后以肯定收场。这么做下来孩子往往不会那么抗拒，容易听进去父母的批评意见。

有一个妈妈来信说，三个月大的孩子夜里哭得很厉害，问有什么办法能够让孩子晚上睡整觉，不哭闹。

哭是婴儿跟外面世界交流的手段，他不舒服了，饿了渴了热了肚子胀气了，总之，他有事了想要告诉妈妈就会哭，不让他哭就相当于不让大人讲话一样，是不允许孩子通过正常的渠道表达自己。

为了训练孩子不哭，还有人宣传"哭时不理笑时理"这种违反人性的育儿方法，说是在美国流行的，实际上这种育儿理念在美国早就被否决了。美国医生认为这样做会造成孩子失去安全感和无法独立，是违背孩子天性的育儿方法。还有以前在美国普遍流行的要早早训练婴儿独立睡觉，现在医生已改为建议妈妈在婴儿两岁前尽量和孩子一起睡觉。

在婴儿期，妈妈是孩子的全部世界，他要在心理上和妈妈建立起共生的关系。只有他的愿望百分之百得到了妈妈的满足，他才会建立起安全感和对这个世界的信心。如果他的要求得不到及时回应，他的心里会恐慌之至，会觉得自己被世界抛弃了，孩子心里就会积聚起巨大的愤怒情绪，会引起心理和身体上的各种问题。现在的心理学家认为，婴儿期的各种发育问题，绝大多数都来自母亲破坏了孩子和她之间的依恋关系，比如过早地制定睡眠规则、训练孩子定时吃饭，等等。

当我们无法判断某种育儿方法对孩子究竟是好还是不好的时候，去感受一下自己的心，去相信自己作为一个母亲的直觉。

当孩子哭的时候，你是不是想马上过去看看孩子怎么了？是不是想马上把他抱起来，哄哄他，让他平静下来？这就是我们的本能！这就是对待孩子最适宜的方式。

大多数的三个月的婴儿都做不到夜里一觉睡到天亮，半夜需要吃奶。可以在睡前尽可能多喂一些奶，让孩子吃饱了再睡，这样母亲自己可以延长一点睡眠时间。同时，妈妈要心情平和，经常注视着孩子和孩子牙牙细语，给孩子哼歌，爱抚孩子，睡觉时让孩子偎依着自己睡，这些都会让孩子接收到母亲的爱的信息和能量，抚慰孩子的不安，会大大减轻孩子因为情绪问题的哭闹。给孩子盖的被子要适当，如果孩子太热，也会烦躁得哭闹。

我在心理学书籍上看到一种说法，婴儿的异常哭闹排除了生理原因之外，通常和家庭气氛的紧张有关，所以哺乳期母亲的情绪平和对孩子非常重要，父母可以从这儿入手看看自己家是否有这方面的原因。

一岁之前，孩子的任何要求都应该满足他，这不是建立规则的时期，是建立孩子安全感的时期，是建立孩子对这个世界的信心的时期。

有个妈妈问，一岁半的孩子自己吃饭弄得到处都是，每次都弄脏衣服，该怎么管教？

刚学着吃饭的孩子，勺子还拿不稳，一定会弄得到处都是，这是他学习吃饭的必经过程，随着他的发育，手的精细动作就可以做到位了。给孩子多准备一些饭兜，或者吃饭时给孩子套上一件塑料衣服，就可以避免弄脏衣服。如果因此对孩子发脾气或者自己生气，那就是自己想不开了。

有个妈妈说她的孩子五岁了，坐不住，写字写了不到半个小时屁股就像长了钉子一样，问有什么办法能让孩子坐得住。

孩子小时候，父母最容易犯的错就是对孩子的要求超出了孩子的能力。一个两岁的孩子让他老老实实地坐直了他做不到，他是一定要动的，让一个五岁的孩子老老实实地坐半个小时写字，他也做不到，他坐半个小时大概相当于让大人坐四个小时不动，问问自己能否做到？

可以把写字时间改为一次十分钟，然后让孩子玩十五分钟，再回来写。我更希望这位妈妈能让孩子一直玩，随心所欲地玩，孩子马上就要上学了，到那时作业考试都压了上来，孩子想不学也没有办法，那时就没有多少时间玩了。让孩子快快乐乐地当几天孩子，是我们父母可以给孩子的幸福。

有个妈妈说五岁的儿子任性起来怎么管都管不住，我总是忍不住打他或是向他吼，每次自己都后悔，可看他那任性的样子我又控制不了自己，问怎么管教这个孩子。

可以仔细分析一下孩子为什么任性，看看他的想法是否有道理，是不是可以让他按照自己想法去试试。不一定什么事情都要听大人的，孩子的自我如果被压抑得太厉害，他就是要反抗的。如果是很危险的行为，可以告诉他有哪些后果，找来相关图片给孩子看，并告诉他正确的行为应该是什么样的。

如果真是无理取闹，那么跟他讲道理，他如果还闹就平静地看着他，等他闹够了，他知道这样做达不到目的了，以后也就不会再用闹的方式解决问题了。妈妈如果能够平和理性地待孩子，不和孩子对抗，孩子就能学会不用对抗的方式来沟通。

这位妈妈最需要学习的是如何控制自己的情绪，真正需要"管教"的是妈妈，妈妈粗暴地打孩子、向孩子吼，用非理性的方式对待孩子，才造成了孩子用任性等非理性的方式表达自己。打骂孩子是最具伤害性的教育方式，会给孩子内心留下永久的创伤。只有妈妈变得平和了，孩子才会平和下来，否则孩子的问题只会越来越严重。

蒙台梭利指出：孩子打从出生那一刻起，就开始受到成人的压制。这是一个在全世界都存在的社会问题，可怕的是人们竟对此毫无察觉！

> 孩子打从出生那一刻起，就开始受到成人的压制。

成人要么否定孩子的能力，要么把自己的思想、观念和行为方式强加给孩子，要么用成人的尺度去评价孩子，蒙台梭利认为父母对待儿童的这种错误态度导致了几乎所有三岁儿童都脱离了自己的正常发展轨道，几乎所有儿童的天赋能力都没能得到充分的发育和展现。

当父母发现孩子身上有问题时，仔细看看自己的要求是不是人性化的，是不是违背了孩子的生长规律，是不是自己用大人的标准在要求孩子。

可以说，所有孩子身上的问题都是由大人错误的教养方式引起的，只有从父母自己身上下功夫，真正做到尊重孩子、接纳孩子、无条件地爱孩子，才能解决孩子的问题。

美国心理学家怎样治疗游戏成瘾的孩子

朋友梅捷的儿子小时候很听话，妈妈给他报了钢琴课、小提琴课、国际象棋班、游泳课、网球课、公文数学等课外班，他都规规矩矩地上课，认认真真地学。别的小朋友玩游戏，他也想玩，妈妈教导他"少壮不努力，老大徒伤悲"的道理，告诉他玩游戏是浪费时间，对于他的成长毫无益处。有时候妈妈还会跟他强调他参加那么多课外活动，都是用妈妈爸爸辛苦挣的钱交的学费，哪个也不能耽误，有时间就好好练琴、练棋、做数学题，别去浪费时间。每当参加聚会时孩子们人手一个游戏机，大呼小叫地一起玩，兴高采烈地谈论着，他只能眼巴巴地看着，脸上写满了渴望和落寞。

孩子上了初中以后，写作业需要用到计算机，梅捷给孩子买了一台电脑，可不知什么时候他玩上了游戏，而且没日没夜地玩。美国学校从初中开始会按季度发成绩单回来，玩了游戏之后，这孩子的成绩单上面不是D，就是F（D是刚刚及格，F就是不及格）。美国学校的评分平均了平时作业和考试成绩，只要按时完成作业，就不会不及格的。他在小学时作业都会按时完成，玩上游戏后作业也不做了，课外的那些活动一个接着一个都放弃了，一门心思就是玩游戏。

梅捷两口子采取了各种能够想到的办法去戒孩子的游戏瘾。一开始是说教、训斥，梅捷最常挂在嘴边的话是："你不好好学习，上不了好大学，到时候只能去给人打扫卫生。"儿子有一次反驳她："打扫卫生怎么了？我去打扫卫生养活我自己就行了呗，白天打扫卫生晚上玩游戏，我觉得是挺美的日子！"把梅捷堵得说不出话来。然后梅捷就把家里的网线给断了，可是又不能一直断，爸爸的工作有时候还需要网线，断了几天一旦再连上，孩子就像爆发了一样，一夜不睡地玩，第二天早晨顶着两只像兔子一样的红眼睛去上学。有一次在校车上睡着了，到了学校都不醒，人都下空了校车司机走过去使劲摇他才把他叫醒。

朋友教梅捷给网线设密码，孩子在学校学了解码的办法轻易地就把密码给破解了。孩子瘦得像个竹竿，天天晃晃荡荡地没魂一样，一坐到电脑跟前两眼就变得炯炯有神，全身神经都绷紧了进入游戏的世界里。到后来父母两个人什么办法都想到了，嘴皮子都磨破了，爸爸三番两次暴跳如雷到了动手的边缘了，也没有任何效果。最后，梅捷两口子灰心丧气地跟孩子讲，你白天玩就玩吧，父母不管你了，只要晚上好好睡觉，白天学校的功课都给完成了就行，可儿子还是做不到。爸爸有段时间天天晚上不睡觉盯着他，他看爸爸盯着就回屋睡觉，然后等爸爸睡了，他半夜起来玩。

到了初二，梅捷觉得这样下去这个孩子就毁了，可是大人根本管不了他。有一次她在公司和同事聊起了孩子的网瘾问题，那个美国同事说你自己既然解决不了，就应该去找专业人士帮助，建议她去看青少年心理专科医生。

梅捷夫妻两个人约了时间去见医生。梅捷见到医生就急切地说："我们为儿子的事情来找你，我们遇到了大麻烦，很大的麻烦，我儿子玩游戏成瘾，到了什么都不管不顾的地步，怎么也戒不掉……"医生听完梅捷的叙述之后很轻松地笑了，说："当你说你遇到了麻烦时，我以为你儿子吸毒或者得了重度抑郁症或是得了艾滋病。你们都放轻松些，他只是喜欢玩游戏而已，并不会损害他的生命，你没有麻烦，他也没有麻烦。"

医生跟他们分析说："孩子沉迷游戏，往往是和他在逃避某些不愿面对的东西有关，或者是现实中缺乏他内在需要的东西，而他能在游戏中得到满足。不管是什么原因引起的，爱和自由是人的最基本需求，如果孩子能从家中感受到爱，那么他的心中就会有爱流动，其他方面即使缺乏了，他自己会有力量补充，即使现实令他有压力，他自己会有力量去面对和调整。所以解决问题的最直接和最根本的方法是给以孩子无条件的爱，给他充分的自由。爱和自由，这就是解决问题的两把钥匙，他得到了这两把钥匙之后，就能够进入自己的内心深处，发育内在的自我，慢慢地恢复天性，会集聚起勇气面对真实的生活。"

医生还说："其实很多情况下我们大人应该感谢网络、感谢游戏，给了孩子一个可以逃避的避风港，否则很多孩子有可能会发生更严重的问题。"

医生一再强调：一个在充满了爱和尊重的家庭长大的孩子，不管中间走的是什么样的路，拐了几次弯，最后都会成长为有责任感的、有爱心的人。父母要做的就是爱他，尊重他的意愿，守护着他。

他最后给出的具体建议是：

第一，你们夫妻两个人恩恩爱爱地过自己的日子，一起去参与一些彼此都感兴趣的活动，快乐地生活，让你们的家和睦温馨。

第二，跟儿子说清楚，父母的责任是提供温暖的家庭给他，他自己要为自己的学业、生活等各个方面负百分之百的责任。

第三，你们对孩子的事情完全放手，所有的事情包括玩游戏都让他自己安排，他想怎么玩就怎么玩，想玩到几点就玩到几点，大人不问不管不干涉，给他充分的自由。

最后医生说，你们给他时间调整自己，时候到了他自会拐回你们希望他走的路。

梅捷问："那得需要多长时间他才能拐回来呢？"

医生说："每个孩子都不一样，花的时间也不同。你们要对他有信心，但是不要去预设他什么时候可以变好。而且，这件事真正难的地方在于大人能否改变，能否做到放手，你们只要能管好自己，孩子总有一天会管好他的生活。"

梅捷两口子听了心理医生的话，商量了一番，觉得反正如今已经是黔驴技穷了，孩子现在的状态是差到不能再差了，就死马当活马医吧，干脆按照医生说的彻底放手不管了，赌一把，看看孩子最后到底能变成个什么样。

然后他们一起郑重其事地找儿子谈了话，说父母都不希望你毁在游戏上，但是如果你就想这样不管不顾地玩，我们管不了，也不可能一辈子盯着你，管着你。爸爸妈妈只有你这么一个孩子，全部的爱都在你身上，你就是我们的心尖子一样，你在父母身边也就是这五六年的时间了，我们只管爱你，给你一个和睦温馨的家庭。但是以后不会再管你的学习和作息，你想玩游戏就玩，想玩到多晚就玩到多晚。你自己的事情以后你都自己做主吧，谁也无法代替你过你的人生，你从此以后要为自己负起全部责任来。

梅捷两口子尝试对孩子玩游戏的事情不再多嘴。可说着容易做起来难，听着孩子在"噼里啪啦"地打游戏，心里的火不由自主地就"噌噌噌"地往上冒，忍不住就想去管。如果斥责了孩子几句，自己心里的火就能发出来了，憋着不说，那可真是折磨啊！梅捷索性在家里安装了中文电视，晚上吃完饭孩子开始玩游戏了，他们两口子就一起看韩剧和中文电视连续剧，沉浸在剧情里就忘了烦恼了。周末儿子一大早爬起来玩游戏，他们两个人就出去爬山、打球、参加朋友聚会，眼不见心不烦。夫妻俩谁坚持不下去了开始焦虑，想去说教儿子的时候，另一个人就会提醒阻拦；谁情绪低沉烦恼丛生的时候，另一个就给予鼓励。这样互相支持着，咬着牙坚持着，梅捷没看到儿子的变化，倒是觉得夫妻感情因此变得亲密起来了。

三个月过去了，有一天晚上，梅捷突然发现儿子坐在电脑前不是在玩游戏，而是在做一个科学项目。她激动得当时就想问问孩子是怎么回事，又怕问了之后勾起孩子玩游戏的瘾，硬生生地把到嘴边的话咽了回去，进了卧室跟老公兴奋了半天。

到了学期末，儿子的成绩有两门课得了A，还有A-，最差的课也是B。

梅捷简直喜出望外，有一次到底忍不住了，问儿子："你现在怎么不玩游戏了？"

儿子耸耸肩说："玩够了。我自己敞开了玩，觉得很满足，满足之后慢慢觉得整天玩没大意思了。"

等上了高中，孩子变得非常自觉了。选课、选俱乐部都自己斟酌，还会主动跟爸爸谈谈他的想法，两三年不练的小提琴又重新练了起来，参加了学校的管弦乐队，还参加了数学竞赛小组和科学小组还有长跑队，每天忙得很，游戏只是周末偶尔玩一玩而已。

病根在我们父母身上，大人改变了，孩子自己就长好了。

梅捷高兴得到处跟朋友讲，这辈子花的最值的钱就是去看青少年心理医生了。她反思自己在孩子小时候把孩子盯得太紧，管得太细，代替孩子做了很多决定，孩子其实一直挺被动、挺压抑的。年纪小时还能忍着，等到长大了些就来个大爆发。她自己很庆幸孩子在初中时就爆发了，她还来得及做出改变。

她说没想到孩子有游戏瘾，病根竟是在我们父母身上，大人改变了，孩子自己就长好了。

每当有人讲起孩子玩游戏的话题，为自家孩子忧心忡忡时，梅捷都会重复心理医生的话：给孩子充分的爱和自由，孩子自会拐回父母希望他走的路。

我能否自己在家里教女儿不让她上学

有一位年轻的父亲给我写信说，他的女儿刚满三岁，他们夫妇俩在教育孩子的问题上一直抱着谨慎和学习的态度，看了很多幼儿教育方面的书，对孩子的教育理念是确保她身心健康，快乐每一天。他们自己带孩子；尊重孩子的人格，不打骂孩子，把孩子当朋友；教育她勇于承担责任，有爱心，懂得分享；知道坦然面对挫折，养成阅读的好习惯，等等。女儿非常开朗可爱，给家庭带来了无穷的快乐。

这个小女孩才两岁就可以认识近1000个汉字，数字可以数到100，26个英文字母以及形状和颜色等基本都可以认全了。这些都是孩子主动要求学的，大人也是以游戏的方式，让她在欢快的笑声中完成的。但是随着孩子慢慢地长大，这位父亲却渐渐增添了困扰，就是孩子的入学问题。他说自己和妻子不赞同应试教育，什么"不输在起跑线上"就不说了，上了幼儿园家长就要急着给孩子报名上三五个才艺班和英语加强班，读了小学后每天的作业写到深夜才能睡觉，这还仅仅是学业方面的问题，其他不正常的地方更让人接受不了，比如有些老师歧视学习差的学生，排挤不交额外费用的学生……他说，我和妻子非常纠结，学校的学习压力很大，不希望孩子每天除了文化课学习没有足够的时间培养发展其他的兴趣爱好。

这位父亲问，他想自己在家里教女儿，寓教于乐，是否可行？不过他又担心："如果孩子不去上学，以后没有文凭，在中国就找不到工作。不过我们已经做了最坏的打算，等她长大了，她真地一无所长，我们两口子有自己的养老金和医疗保险。所积蓄的家产、住房包括可以出租的门面，也够她生存一生了。最担心的是不送她上学，有一天她会责怪我们剥夺了她受教育的权利，失去了走入校园的机会。"

这个父亲的来信，让我想起了美国的家庭学校。在美国，除了公立学校和私立学校，还有很多家庭学校独立于学校系统之外。

所谓家庭学校，就是孩子在家里接受教育，绝大多数都是家长自己教，还有个别的是家长请教师来家里教。

美国的家庭学校最初是在教会内发展起来的，一开始并不被政府和大众认可。在20世纪80年代，家庭学校只在20个州合法，一直到了1993年，家庭学校才在全美50个州全部合法化。进入21世纪，家庭学校发展迅猛，据统计，1999年美国家庭学校的学生数为85万人，到了2011年，已达177万人，十多年的时间学生数目翻了一番。

那么是什么原因使得美国人选择家庭学校呢？

1. 宗教原因

美国有立法，在公立学校里老师不能在授课中涉及任何宗教内容，这使得很多虔诚的基督教徒父母认为，孩子的教育中缺失了最重要的一部分，所以他们决定由自己来教育孩子。最开始的家庭学校主要来源于此，这些家庭学校使用和宗教内容有关的阅读材料来学习英文、历史和文学等内容，孩子会参加大量的教会活动。

现在这一部分家庭学校的比例在逐年下降，已经不是主流了。

2. 为了给孩子提供更好的个性化的教育

很多美国家长对普通学校单调的课程设置、枯燥的教学方式不满，认为学校教育让孩子对学习感到厌烦，失去了学习的动力。他们决定自己教

20 Great Reasons You Homeschool

Written & Illustrated by Jim Erskine *Feel free to reprint or pass this along to a friend*

选择家庭学校的二十个原因

孩子，让孩子能够认识到学习不是负担，不是竞赛，而是个快乐和美妙的体验。

公立学校一个班大概有二十多名学生，老师的教学进度会根据大多数学生的程度而定，很难去满足每一个学生的具体需求，可是每一个孩子都有其独特之处，在学习上有特殊需求，在这种统一教学中孩子们的个性要求就被忽视和压抑了。

比如，有个一年级的孩子，很喜欢阅读，知识面广，学校的课程对于他来说过于简单、无聊，所以他经常上课捣乱，不好好做作业，出现很多行为问题。这个孩子的妈妈决定自己在家里教他和他的妹妹，这个男孩的英文很快就进入五年级课程的学习中，他十四岁就完成了高中课程的学习，十五岁上了大学。

还有个孩子总是不能按时完成课堂作业，每次都是最后一个完成，经常被老师催促，被同学们笑话，这个孩子因此变得非常沮丧，不喜欢上学。他妈妈觉得这样下去对孩子的自尊心损伤太大了，于是让他自己在家里学。妈妈在教孩子的过程中发现，孩子其实该学的都学会了，他只是做题慢，如果给他足够的时间，他可以全部做对，但是在有限的时间内，他写不完作业，答不完考卷。在家里他有足够的时间练习，没有人比较，这个孩子学得非常扎实，对学习也极感兴趣。申请大学的时候，因为他的大学入学考试成绩偏低（考卷答不完），所以只上了一所普通大学，但是这个孩子后来在职场上非常成功，因为他自信心强，对问题有钻研精神，自己安排工作进度，总是能把工作完成得极其圆满。

还有个孩子被学校诊断为有学习障碍，而妈妈认为自己的孩子没有问题。她在家里教孩子后发现，孩子常常是卡在了某个基本概念上，影响了后面的学习。她总是在孩子完全明白了一个概念之后再进行下一个，孩子的学习因此变得很顺畅，这个孩子是在十六岁时完成了全部高中的学习内容，上了自己心仪的大学。

还有的家长不希望孩子被学校洗脑，希望孩子有独立思考的能力，还有的孩子过敏严重，有的孩子在学校受欺负……种种原因使得家长把孩子领回了家里自己教育。

3. 为了培养有特长的孩子

有些孩子在体育和音乐方面有特长，以后想走专业路线，需要参加很多训练和比赛。如果上学的话没有办法天天请假，而家庭学校可以灵活安排时间，保证孩子学习和训练两不误。

美国的家庭学校以什么方式授课呢？

三猪参加的童子军里面有个男孩叫皮特，现在就在家里上学。皮特的哥哥有轻微的自闭症，所以他在社交和学业上都难以适应普通学校，但是他有数学天赋，妈妈决定自己在家里教他，连同皮特一起教了，兄弟俩是个伴。皮特妈妈给我看了她的教学大纲，里面的内容非常细致具体，每一天上什么课，讲解哪些概念，孩子做的练习，辅导材料、参考资料等一应俱全。她说自己教孩子比想象得容易，你跟着大纲走就行了。每个科目都有教学大纲，而且网上的资源非常丰富，现在自己教孩子真是太方便了。

皮特妈妈说，有的地方孩子学得很快，于是马上就进行到下一节，有的时候孩子卡住了，那么就花长一点的时间反复学习，直到掌握了为止。一对一授课，效率非常高。小孩子天生都有极强的好奇心，什么都想问，什么都想学，根本没有不肯学的问题。有时候会举一反三，本来在学习英文，联系到了历史，又涉及了艺术，一上午可以在很多不同领域里驰骋，孩子自己想到了问题，自己去寻求答案，知识面都非常广。

皮特妈妈听说我不上班，一个劲劝我也办家庭学校，说每天和孩子快快乐乐地学习很多东西，效率高，还没有压力，孩子们可以尽情享受在知识的世界里探索的乐趣。

家庭学校分有很多派别和系统，使用不同的教材体系。家长们一般会加入和自己理念相同的系统。每个系统内又分为若干个小组，一周找一天时间小组内的几个家庭会聚集起来集体上课，家长轮流上大课，或者找一个题目进行集体讨论。有的系统还会派人听课点评，提高家长的教学水平。整个系统还会定期组织大型活动，野游、参观、旅行等。到了高年级，他们会统一借用公立学校的实验室给孩子们上科学课相关的实验课。

家庭学校最大的弊端是孩子的社交活动受到限制，家校父母通过让孩子参加音乐、体育还有教会活动等来弥补，比如皮特和哥哥参加了篮球队和足球队，还参加童子军活动，所以几乎每天都有和其他孩子一起活动的时间。

每个州对于家校的学习时间都有规定，一般以公立学校的上学时间为准，也就是说，小学的学习时间每天不能超过六个小时。

一般中产阶级的家庭，父母中有一个人可以全职在家，才有条件搞家庭学校。据统计，家庭学校中父母有大专以上学历的占了百分之七十，有百分之二十的父母只有高中学历，还有百分之十是高中以下学历。所以，并不是父母一定要有高学历才能在家教育孩子，因为孩子是学习的主体，父母的作用只是启发和引导。孩子自学、自己去挖掘知识的真相在家庭学校的学习中占了非常大的比重。

有个华裔妈妈在家里教她的两个儿子，她说孩子低年级的时候，每天的上课时间也就一个小时左右，到了高年级，很多时候就是直接领到图书馆和书店，孩子自己找到相应的书籍，就自己学去了。

家校的教学效果如何呢？

为什么越来越多的家长选择家庭学校呢？就是因为学习效果太显著了！统计显示，家庭学校的孩子在各州标准化测验中的每科平均成绩都超过全国平均水平的百分之三十以上，有的科目超过将近百分之四十。很多孩子都提早上了大学，很多人在各种竞赛中得奖。《今日新闻》曾经报道，有一个家庭，妈妈在家里教孩子，六个孩子都是十二岁上大学，其中一个女儿成为美国历史上最年轻的医生。

我的邻居家的两个孩子上小学三四年级的时候，搬到我们这儿上了附近的公立学校，我们这个学区和学校在当地名声很响亮，属于顶尖学校。可是只上了一年，妈妈就觉得这所学校不适合他们家孩子，他们两人一个数学超前，一个英文超前，于是双双迈入了家庭学校的行列。去年数学好的儿子上了斯坦福大学，学计算机，英文好的女儿今年被耶鲁大学录取，学习政治和法学。

曾看到一个电视节目，采访一个家庭学校的妈妈，她的儿子被学校诊断为有"阅读障碍"，还给他做了智力测定，根据分数认为他智力水平低下，也就是有点"弱智"，他在一年级末还无法阅读最简单的图画书。二年级起妈妈在家里教他，直到他十一岁，也就是学龄五年级时，这个孩子才开始了真正意义上的阅读，等他到十八岁上大学的时候，他的阅读水平和其他人已经没有任何区别了。他在大学里学习优异，丝毫看不出有任何学习障碍，或者"弱智"的迹象。他妈妈认为他仅仅是读书的这根筋发育得比其他孩子晚些，只要给他足够的时间他就会赶上。当初因为他不会读，所以智力测验他都看不懂，当然分数会偏下了。在那个采访的最后，这位妈妈坚定地说："父母要相信自己的孩子，每个孩子都是独特的个体，都有他自己的发育规律，千万不要用统一的标准去衡量自己的孩子，只有不会教的老师，没有学不会的孩子。"

由美国家庭学校的经验来看，父母自己在家里教孩子不但可行，而且学业成绩比去学校的孩子要好很多，最重要的是孩子们对学习充满了乐趣，学习能力强、自信、思想自由。这样的孩子长大以后怎么可能没有工作呢？我认为文章开头提出问题的父亲不用担心孩子的未来，任何时代都需要人才，未来对有热情、有创造力的人的需求量只会增加不会减少，有实力的人永远不会被埋没。即使退一万步讲，孩子学完高中课程时依然不被认可，无法参加国内的高考，至少还可以申请美国的学校，美国学校认可家庭学校出来的孩子。

自己在家里教孩子学习并不难，难的是一天二十四小时，时时刻刻和孩子在一起，并能保持平常心。

我个人觉得自己在家里教孩子学习并不难，难的是一天二十四小时，时时刻刻和孩子在一起，并能保持平常心。需要父母有爱心，有耐心，真正喜欢做这件事情，还要有不畏人言的勇气，坚持自己理念的决心。

如果决定自己教孩子，那么一定要让孩子大量阅读经典，多带孩子走出家门，接触大自然，接触社会，让孩子做到读万卷书，行万里路，交万个朋友，这样的孩子一定会走在时代的前沿，拥有自由的思想和独立的人格。

我相信随着中国社会的经济发展和人们对于教育多样性需求的增加，家庭学校在中国一定也会兴起。

最后，把乔布斯的一句话送给所有关爱孩子、希望孩子得到良好教育的父母们："你的时间有限，所以不要为别人而活。不要被教条所限，不要活在别人的意见里。不要被别人的观念左右了自己内心。最重要的是，追随自己认为对的并坚持下去。"

第四篇
什么是真正的素质教育

"素质教育"是做人的教育。所有的知识、能力、才艺的培养都没有培养孩子的生活态度和人品重要。孩子拥有一颗健康、乐观、明辨是非的心，他就具备了基本的人文素质，他会自己判断什么该做什么不该做，知道什么是自己想要的，什么是自己能要的，他的生活的路就不会走偏，他也会找到自己热爱的事业，挖掘出自己最大的潜力，达到他自身成就的最大的可能性。

"素质教育"是做人的教育

想要说明素质教育，必须先搞清楚什么是素质。素是"本来"的意思，质是"本性、本质"的意思。"素质"就是一个人"本来的性质"，是日积月累的"习惯""思维方式"和"行为方式"，是指一个人的修养和品德，并不作技能解。

论语《学而篇》里讲道："弟子入则孝，出则弟，谨而信，泛爱众，而亲仁，行有余力，则以学文。"

孔子认为，学生在父母跟前时要孝顺父母，在外则要听从师长的教诲，言行要谨慎，要诚实可信，有爱心，亲近德行好的人。在实践这些之后如果还有余力的话，再去学习各种文化才艺知识。

他认为"文"是最不重要的东西，是有了余力才去学的，对于孩子，最重要的是人品和道德的建设，这才是培养的根本，是素质教育。

有一次参加孩子学校的音乐表演，结束之后看到一个刚上高中的华裔男孩昂首阔步地往外走，他身材矮小的妈妈在后面捧着他硕大的大提琴琴盒，深一脚浅一脚地跟着他，到了路边，男孩一挥手，在不远处等着的爸爸把车开了过来，孩子打开车门就上了车，爸爸下来接过妈妈手里的琴盒，帮妈妈开了门，然后全家人坐车离去。

这家父母花了大价钱请了当地最好的老师教这个孩子学琴，可是无论他的琴艺多么出众，连父母都不知道体恤，他以后能成为一个有情、有义、有担当的男人吗？著名的药家鑫杀人事件，是家庭教育的悲剧也是社会教育的悲剧，他的才艺水平已经达到专业水准了，可是没有做人的教育，孩子在遇到紧急情况时才会做出害人害己的选择。

司马光在《资治通鉴》中讲道："是故才德全尽谓之圣人，才德兼亡谓之愚人，德胜才谓之君子，才胜德谓之小人。凡取人之术，苟不得圣人、君子而与之，与其得小人，不若得愚人。何则？君子挟才以为善，小人挟才以为恶。挟才以为善者，善无不至矣；挟才以为恶者，恶亦无不至矣。"

没有做人的教育，孩子在遇到紧急情况时才会做出害人害己的选择。

他说，德才兼备的人是圣人，无才又无德的是愚人，品德胜过才能的是君子，才能超过品德的是小人。用人之术，如果得不到圣人与君子，那么宁用愚人也不用小人。因为，君子会用才能去行善，小人会用才能去作恶。用才能行善，可以做到很大；用才能作恶，会无恶不作。

他把品德和才能的关系分析得非常透彻，一个人的品德一定要盖过才能方能成为君子。

很多父母把育儿重点放在孩子的学习成绩上还有才艺上，分数其实并不能靠父母催逼教育出来，每个孩子在学习上的天资不同，不是孩子全力以赴了他就能上北大，他要受自己学习天资的局限。每个孩子天生都有上进心，父母不催逼，孩子也愿意考好，在中国现行的教育体制下，孩子在学校里几乎都能够把自己的学习潜力挖到极限。如果孩子在学业上的天资水平就是七十分，即便父母使出了吃奶的劲儿，也难以把孩子推到九十分的水准上，这么硬推反倒让孩子对自己失去了信心。如果父母把关注点放在培育孩子拥有良好的生活态度和学习态度上，一个人品好的孩子，他一定可以在社会上找到立足之地。

我在美国认识一个留学生，他跟我讲了他国内同学的故事。他家和左邻右舍两家邻居关系很好，他和另一家的男孩学习出色，还有一家是女儿，女孩子则对于学习一窍不通，平时很努力，下的功夫不比两个男孩少，可她最后还是没能考上大学。两个男孩一个考上了国内重点大学，另一个出国留学了。男孩父母们当时都替这个女孩发愁，说这孩子不上大学，以后怎么办呢？女孩妈妈想得开，总是回答说："俺家姑娘心眼好又勤快，长得也挺端正，以后找个大学生对象不就行了。"女孩高中毕业后走上社会，做过销售，跑过业务，当过办公室行政。有一次她替朋友到幼儿园帮工，发现自己很喜欢和孩子在一起，孩子们也喜欢她，于是她辞了办公室的工作到幼儿园当了老师。她家周围盖了很多新大楼，却没有配套的幼儿园，她就跟妈妈商量自己办一个幼儿园。妈妈出资支持她，很快她就把幼儿园办了起来，期间办各种许可证、租房签约等事项都是她自己跑下来的。她真诚善良、有耐心、对孩子细心爱护，家长们口口相传，很快她的幼儿园就满员了，后来的孩子必须排队才能进去。她有了经验之后，又在旁边小区开了一家。等到两个男孩大学毕业时，她已经成为五家连锁幼儿园的老板了。幼儿园孩子的父母们从事各种职业的都有，上大学的男孩毕业前想找实习单位找不到，还是女孩托孩子家长帮忙找的。幼儿园的家长们都看好她，争相帮着她介绍男朋友，女孩谈了一个，是园里一个孩子的舅舅，研究生毕业，学历比她妈妈预期的还要高。

讲故事的这个留学生说，其实他们两个上了大学的男孩，在生活能力和为人处世上都不及女孩，记得女孩小时候就帮妈妈做家事，总去帮助邻居的一个老人跑腿，从小就勤快懂事，他们两个男孩一直是饭来张口的主儿，都是被教育只要学习好就行。国内的人对孩子学习、对上大学太看重了，评价孩子的唯一标准就是成绩，所以那时都觉得他们俩有出息，他们才是成功者。但是现在，他在美国大学毕业后没有找到工作，只好继续读研究生，国内的邻居男孩没找到工作也读了研究生，两个人都还靠父母供养着。两家父母现在有事都要靠这个女孩托人帮忙，女孩为她的父母买了新房子，她妈妈不愿意离开老邻居所以没有搬走。男孩说现在看中学时的学习成绩排名什么的都是浮云，最终还是要看谁能在社会上找到自己的位置。女孩虽然没考上大学，但是她以自己出众的人品和踏实肯干的精神为自己找到了生活的位置，她比我们俩都成功。

> 所有的知识、能力、才艺的培养都没有培养孩子的生活态度和人品重要。

我们为人父母的，仔细想想看看，究竟想让孩子成长为一个什么样的人？你觉得周围或者社会上有谁可以成为孩子的样板？那么那个人身上有着怎样的人格特质和品德？

比如，你想让孩子成为马云那样的人，那么你研究一下，马云因为具备哪些素质才取得了今天的成绩？你怎么样对待孩子才能让孩子具备那些素质？

我觉得我们从后往前推，从孩子的未来看回来，可以看得更清楚一点，我们当下要怎么教育孩子。

最后，你一定会得出结论：所有的知识、能力、才艺的培养都没有培养孩子的生活态度和人品重要。父母在日常生活中从点滴小事上一点一点地培养孩子拥有积极乐观的生活态度，自爱与爱人，做事有责任感，尊重他人，正直善良等良好品德，孩子会拥有一颗健康、乐观、明辨是非的心，他就具备了基本的人文素质，他会自己判断什么该做什么不该做，知道什么是自己想要的，什么是自己能要的，他的生活的路就不会走偏，他也会找到自己热爱的事业，挖掘出自己最大的潜力，达到他自身成就的最大的可能性。

人做好了，职业会远吗？

人做好了，财会远吗？

人做好了，伴侣会远吗？

人做好了，幸福会远吗？

卖鸡饲料的男孩

我在谷仓里养了二十只鸡，需要大量鸡饲料。美国商店里卖的鸡饲料大多是用转基因玉米做的，我不想给鸡吃转基因饲料，就在网上查找是否有加工非转基因鸡饲料的地方，果真有些私人小公司在做这件事，于是我就联系了其中的一家，约好了时间去买。

那个地方离我家开车要一个多小时，我担心路不熟会误了约定的时间，就提前动身，结果比预定的时间早到了。远远看到很大的一片农场上坐落着一个鲜花环绕着的洋房，旁边有果树、蔬菜暖棚，还有谷仓，两个男孩开着儿童吉普车在草地上追逐玩耍。

我和老公把车停在门前，两个男孩也把车停了下来，远远地看着我们。我下了车站在车边跟他们打招呼，讲了来意，并把他妈妈和我联系的电话都讲出米，以证明我不是坏蛋，只是来买东西的人。

稍大的男孩审慎的脸上出现了笑意，走上前来告诉我，他父母都不在家，不过很快就会回来，鸡饲料装在谷仓里，我们要从侧面的车道开过去才行。

我们把车倒出来绕到侧面的车道，开过去却发现好像是另外一家的谷仓，正在犹豫之间，从后视镜中看到那个男孩开着小吉普站在他们家的车道旁边朝着我们一个劲地打手势，我们赶紧把车倒了出来，那孩子一路指引着我们把车开到了他家的谷仓前。

他下了车，打开谷仓门，把我们领进了谷仓，指给我们看哪些是鸡饲料，哪些是猪饲料和天鹅饲料，又问我们要买多少。

五十磅一包，我说想买二十包。

他点头道："那好吧，现在我们就可以装车。"

然后他双手抱起一包鸡饲料，稍稍下蹲，两臂使劲将大包甩到肩上，疾步走到车前，再将饲料从肩上卸下放进车里。我老公见状赶紧过去也扛起一包跟着他一起装车。

我在旁边看着那个孩子和我老公扛大包，走过去试着拎起一包饲料，一个趔趄，没拎起来，五十磅，就是四十五斤，挺重的一包啊！可是那个孩子一包一包地扛着，小脸很快变得红扑扑的，张着嘴微微喘着，意气勃发的样子，毫无疲意。

扛了一会儿，他停下来站在那儿认真地数了一遍，说还差十二包。又扛了几包，再数了一遍，说还差四包。最后又数了一遍，说够数了。

这孩子的懂事和成熟程度让人吃惊。搬完饲料了我问他："你叫什么名字，今年多大了？"

他说他叫吉姆，今年十一岁，只比我儿子三猪大两岁而已。三猪正在不远处拔草，喂他家的几只羊，我看看吉姆，再瞅瞅三猪，觉得三猪看上去就是一个可爱的小男孩儿，而吉姆已隐隐有男子汉之姿了。

我给他妈妈打电话一直没有回音，不知道要等到什么时候，就问吉姆："我把钱付给你好不好？"

他点点头，我说我跟你妈妈在电话里谈好了，十五元一包，现在我买了二十包，所以一共是三百元，对不对？

他眉头轻蹙，想了想，摇摇头。

我解释说十五元一包，十包是一百五十元，再乘以二，二十包就是三百元，他依然很困惑的样子。

普通美国孩子的心算水平，真是不能过高要求了，我琢磨着不能这样让孩子不明不白地收了钱，还是等他父母回来算账好了。

一边等一边和他聊天，问他他们家的饲料是从哪里来的，他说爸爸有个生意伙伴专门收购谷物加工成各种饲料，他爸爸负责推销。小量的散户到他家来买，爸爸还有个大仓库，大宗买卖要到仓库去，有起降机装货。然后告诉我说："我家的鸡饲料很棒的，上次有个人买了两包回去，喂了一个星期鸡就开始下蛋了。"

这孩子还趁机帮父母推销呢！

他妈妈终于回来了，那时节我对她能养出这么有责任感的孩子的兴趣远远超过了她的鸡饲料，就和她聊起来育儿经。

她很随意地说："养男孩子，只要他肯干活，会干活，再加上一条懂礼貌，就够了，他长大以后一定不会差的。"然后她很自豪地说："吉姆他爸高中毕业后没上大学，出去找各种工作做，找到适合自己的职业就好好干，等到他同学大学毕业，他已经积累了很多工作经验，工作收入并不比大学同学少。后来他找到机会和朋友一起开公司，自己给自己发工资，不用担心哪一天会被解雇，他非常喜欢这种感觉。"她认为老公工作认真，肯努力又谦虚有礼，懂得配合别人，是他事业上顺风顺水的主要原因。

美国学者跟踪研究二十年发现，从小爱干家务的孩子成年之后的就业率远高于不做家务的孩子。让孩子从小做家务，不仅仅是为了减轻父母的负担，更会帮助孩子具备良好的自我认知，让孩子从小就拥有责任感和自信心。

他家有四个孩子，吉姆是老三，上面还有哥哥和姐姐，下面有个弟弟，每个孩子都是从小帮父母做家务，干院子里的活。吉姆的弟弟现在六岁，每天帮着布置餐桌，收拾碗筷，将脏碗放进洗碗机里，还要捡鸡蛋，喂羊……

美国学者跟踪研究二十年发现，从小爱干家务的孩子成年之后的就业率远高于不做家务的孩子，而犯罪率却远低于不做家务的孩子。让孩子从小做家务，不仅仅是为了减轻父母的负担，更会帮助孩子具备良好的自我认知，让孩子从小就拥有责任感和自信心。

吉姆的父母对孩子的学习一定是没有什么要求的，否则吉姆的数学不会那么差，五年级还算不清楚简单的乘法。但是他们让孩子从小帮助父母做事，培养孩子的责任感和实际生活能力，这样的男孩学习成绩可能并不出色，但是未来一定可以走出自己的人生路来，就像他的父亲一样。

比尔·盖茨的脑筋有问题吗

2008年夏天我回国的时候，正逢比尔·盖茨宣布要将自己的全部财产捐给他创建的慈善基金会，他本人也会淡出微软的日常管理工作，专门从事慈善事业。他的这个举动在国内外引起了广泛的关注和议论。

我和一个做生意的同学见面时，他提起了这件事，非常困惑地问道："你说比尔·盖茨这么做隐藏的动机在哪里？他这么做的后续动作会是什么？"

同学在商场沉浮多年，他用经商的思维方式来推测盖茨此举的动机而不得其解。我摇头回答他说："你想得太复杂了，他没有什么隐藏的动机，就是想从事慈善事业而已。如果他把财产都留给子女，政府收取的遗产税大概要拿走他一半以上的资产，与其那样他还不如自己亲自来运营这笔钱，去帮助世界上真正需要的人，另一方面他可能觉得把巨额财产留给子女对他们来说并不是什么好事。"

同学摇头笑说："把财产留给孩子不是好事，送给不相干的人就是好事？"

我解释说，他并不是很简单地把钱送给他人，而是用于贫困国家的卫生条件的改善和疾病预防医疗救助等方面。

他沉思良久，又开口问道："你说比尔·盖茨这人脑筋正常吗？有的人在某些方面是天才，但是在日常生活上就比较低能，盖茨他是不是就属于这一种人？"

听得我哭笑不得，比尔·盖茨多冤啊！那么有智慧的一个人，只因为把毕生财富捐献出来搞慈善事业，就被人以为是脑筋有问题，生活中的低能儿。

在美国也有记者当面问过比尔·盖茨类似的问题，为什么他不把财富留给子孙后代？他回答说，他相信孩子们能够取得属于他们自己的成功，因为他们都具备了取得成功所需要的品质。他不希望财富成为发展他们才能的阻碍，希望孩子们能够亲身去感受通过奋斗做成一件事的幸福和快乐。

比尔·盖茨对待孩子的方式恰恰是我们文化中的"授人以鱼，不如授人以渔"，他已经教给孩子们怎么去打鱼了，所以不再担心他们的生存问题，他希望孩子们能在这个世界上拥有属于自己的成功体验，他知道那比单纯享受财富要有意义和幸福得多。

盖茨的慈善捐助在美国并不是什么特例，只不过他当时是世界首富，个人的捐赠数额比较大，所以他的捐赠行为才广受注目。慈善捐赠在美国是非常普遍的一件事，几乎人人都有参与。因为据美国一个杂志的统计，过去的半个世纪，美国人的慈善捐助比国民经济的增长速度还要快：五十年内美国人均GDP增长了150%，而人均慈善捐赠数额则增长了190%。2007年美国民间慈善捐款总数达到了3350亿美元。

我周围的一些美国朋友，他们一直都在持续地为他们自己所选定的慈善组织捐款，不少人的捐款数额达到了他们收入的十分之一。这些钱他们完全可以用来升级好车和大房子，改善自己的生活品质，但是这些普通的美国人选择了默默无闻地去帮助那些需要帮助的人。

在美国，也并不是只有有钱人或者中产阶级才搞慈善，据2011年的数据，位于收入底部20%的美国家庭将其收入的3.2%捐献给了慈善机构，而

位于顶部20%的家庭捐出了其收入的
1.3%，从捐赠比例上来说，穷人比富
人的捐助水平还要高些。

> 美国孩子从小被灌输的，一方面是超强的竞争意识；另一方面又是极高的合作精神和社会责任感。一方面超级自信；另一方面又知道如何合作和追随，对弱者给予同情和帮助。

美国人的慈善精神，是从孩子很
小的时候就开始培养的。一方面，家
长的慈善行为会潜移默化地影响孩子；
另一方面，学校和社会也注重培养孩子这方面的意识。比如，孩子小时候
会让他把不玩的旧玩具收集起来送给救世军等慈善机构，教会、童子军等
也会组织孩子们举行各种募捐活动，为某些需要帮助的群体向社会募捐。
这些活动一方面培养了孩子的慈善精神；另一方面也锻炼了孩子的能力。

我家孩子的学校每年都要组织几次捐赠活动，最大的一次是给食物银
行捐食物，班级之间还举行比赛，捐赠最多的班级会获得荣誉和奖品。

每年一到这个时候，我家厨房储物柜里的"干货"就会被女儿凯丽席
卷一空，都给拿去学校捐了。这还不算，她还会动员我们去商店买罐头食
品捐给学校。我因为在食物银行当过义工，知道直接捐钱会使他们得到更
大的效益，但是为了配合学校培养孩子的爱心和慈善之心，常常就领她去
买些盒装、罐装食品带到学校去。

儿子小州上高中的时候，有一年过圣诞节之前，他用自己打工的钱给
家里每个人都买了礼物，有两样精美的玩具，另外放在一个袋子里。我一
开始以为那也是给妹妹弟弟买的，后来发现他包礼物的时候并没有包这两
样，就问他那玩具是干什么用的，他说学校组织学生圣诞节前给拉丁美洲
的孩子赠送玩具和文具，这是他为那些孩子准备的。

我问他："为什么你捐给拉丁美洲孩子的玩具比给弟弟妹妹买的玩具
好很多？"

他说："弟弟妹妹平时就有很多玩具玩，屋子里都放不下了，过节又
会收到一大批，而那些穷孩子可能一年只能得到一件玩具，所以我要买好

一点的，让得到玩具的孩子更开心些。"

听得我频频点头，这孩子搞捐赠并不仅仅是流于形式，而是用了心的。

在美国想申请上一所好大学，当过义工几乎是每个高中生申请表上必有的一项内容。义工也是慈善捐助的一种，奉献的是自己的时间和能力。可以说，乐善好施已成为美国人的一种习俗，是美国文化的一部分。

美国孩子从小被灌输的，一方面是超强的竞争意识；另一方面又是极高的合作精神和社会责任感。一方面超级自信；另一方面又知道如何合作和追随，对弱者给予同情和帮助。这样的教育，使得美国人不仅具有杰出的个人奋斗精神，而且懂得关心他人，回馈社会，以至于关心整个地球上的人、事、物，整个社会因为这样的精神而变得和谐健康。

哈佛大学录取新生所关注的个人品质

有一位中国留学生的儿子天资聪颖，妈妈早早在他上学前就教会了他加减法和阅读，学前班念完跳了一级直接升上了二年级，从小学到高中一直都在天才班里学习，学习成绩也是一路名列前茅。到申请大学的时候，父母满心以为以儿子全A的学习成绩还有满分的大学入学考试成绩，上哈佛和普林斯顿这些一流的常春藤大学应该没有什么问题。可出乎他们意料的是，孩子申请的几所常春藤学校还有斯坦福等名校都没录取他，只有当地的州立大学给了录取通知书。那所州立大学虽然也是排进全美前二十名的极好的学校，可父母对这个结果还是失望不已。

更令父亲气愤的是，他的公司每年都给员工的应届毕业生子女提供奖学金，根据优秀程度分三个等级。他觉得依自己儿子的成绩不得一等奖怎么也会得二等奖吧，结果却是只给了他个二等奖，是所有得奖孩子中的最后一名。他气不过，打电话去公司有关部门质问，对方解释说："有一项评选标准是'工作经验'，你报上来的资料显示你的儿子一点儿工作经验都没有，这一项就把你儿子的分数拉下去了。"对方还启发他说给别人割草、洗车、看小孩、做家教、送报纸都算工作，只要有收入的就算，问他能不能提供孩子有过什么工作经验的证明。

这个孩子的业余时间都花在了学习上，父母压根不许他浪费时间干别的，所以他从来没有打过工。父亲很生气地问道："他一个学生是学习重要还是洗车、割草重要？你们给的不是奖学金吗？奖学金不就是奖励学习成绩好的孩子吗？"对方也生气了，说："你怎么总跟我提成绩，我说了你儿子没有工作经验。"两个人在电话里争了半天，各讲各的理，谁也不明白对方到底是怎么回事儿，明摆着的道理就是说不通，都觉得对方有点不可理喻。

这是两种大学录取文化、两种思维方式的冲突。中国的高考制度是"一考定终身"，高考成绩是大学唯一的录取指标，所以很多中国人即使出国了，习惯性地还是把目光专注在孩子的学习成绩上。而美国社会和学校考察一个学生，不仅仅看学习成绩，还有一些其他的指标，重要性并不亚于成绩。

翻开哈佛大学"校方报告"中"附加的个性评价"（additional general ratings）一栏，他们对于学生素质有如下十五个指标的要求：

1. Intellectual curiosity　求知欲

2. Intellectual creativity　创造力

3. Academic achievement　学习成绩

4. Academic promise　学业前景

5. Leadership　领导能力

6. Sense of responsibility　责任感

7. Self-confidence　自信心

8. Warmth of personality　个性中的热情

9. Sense of humor　幽默感

10. Concern for others　关心他人

11. Energy　活力

12. Maturity　成熟程度

13. Initiative　主动性

14. Reaction to setbacks　对挫折的反应

15. Respect accorded by faculty　受老师的欣赏程度

从上面的十五条可以看出，哈佛大学选择学生关注孩子的综合素质，包括人文方面的素养，比如责任感、是否关心他人，对生活的热情、幽默感、自信心等，其中好奇心和创造力被放在了第一和第二位，从中可以看出他们重视学生发展的潜力，因为这两条在很大程度上决定了一个人未来事业能达到的高度。

> 好奇心和创造力在很大程度上决定了一个人未来事业能达到的高度。

哈佛每年都会拒绝掉为数不少的"大学入学考试"（SAT）满分的学生，因为他们认为顶尖的学校要培养顶尖的人才，希望未来的毕业生能够对人类文明、对地球环境、对社会和历史有创造性的贡献，只有学习成绩顶尖是不够的，还需要有创造力、眼界、人文精神和领导力等软实力。

想要进入美国的大学，和美国的一流人才竞争，父母仅仅关注孩子的学习成绩远远不够，还要在提高孩子的软实力上下足功夫才行。

第五篇

教育反思

"世界上最大的奴役发生在家庭里，是父母在爱的名义下对孩子进行的。父母制约孩子，用错误的方式抚养孩子。父母自己并没有觉得，他们正在摧毁小孩，把孩子变笨，而这实实在在地在各个家庭中发生着。"

中国的教育方式适合什么样的孩子

中国现行的教育方式，鼓励孩子为了某个既定目标去努力，这个目标往往是家长为孩子选择和决定的，所以孩子并不是自发自愿地去努力。家长常会谆谆教导："不吃苦中苦，难做人上人"，这句话已经揭示出这种努力的本质——是痛苦，苦中之苦。

如果没有生存的压力，没有温饱问题的困扰，谁愿意去吃苦受累呢？为了一个缥缈的目标去吃苦，孩子很难坚持下去，所以很多孩子学习没有动力，没有后劲。有家长就把恐吓当作鞭策手段，比如："你现在不好好学习，以后考不上好大学，你就得去要饭。""你如果不好好学习，以后找不到好工作，你拿什么养活自己？"把这些似是而非的概念灌输给孩子，让孩子对自己的未来充满了恐惧感，为抚平这些恐惧不得不继续吃苦和努力。

> 为了一个缥缈的目标去吃苦，孩子很难坚持下去，所以很多孩子学习没有动力，没有后劲。

中国家长还常常跟孩子灌输"你要做出成绩，给父母脸上增光""你要考好大学，光宗耀祖"，或者"父母为你牺牲了这么多，你要努力回报"。

看国内的达人秀节目，当评委问参赛的那些小选手为什么努力练习的时候，几乎每个孩子回答的都是：为了报答父母，父母太不容易了，为了给父母减轻负担，等等。所以很多中国孩子是在为父母而努力，或者是为了名利地位那些父母看中的东西而努力，他们并不是为了自己在做。

中国人的养育方式对出身困苦、家境贫寒的人特别合适。

中国人的养育方式对出身困苦、家境贫寒的人特别合适。比如偏远农村的孩子，不刻苦读书一辈子就只能窝在山沟里，考大学是改变命运的唯一机会。看到父母天天辛苦劳作，全家还是吃不好穿不暖，爷爷奶奶没钱看病，村里的年轻人都娶不上媳妇，他们会有巨大的动力去吃苦，去拼了命地学。这种情况下，兴趣爱好、好奇心、创造力什么的都是浮云了，只要能通过上大学这条路越过龙门就行。

美国人的教育方式，推崇的是热情和天赋（passion），孩子因为对某件事有兴趣、有天赋、有热情而去从事它，在这个前提下进行努力，过程充满了兴致和乐趣，孩子乐在其中。

美国人向孩子灌输的是你要去发现自己，为自己的梦想和热情去探索。这个梦想可能是名利、地位，可能是些非常虚无缥缈的东西，也可能是具体可操作的项目，但是不管如何，孩子都是为他自己在做，他不用背负任何负担和恐惧，全凭自己的满腔热情和喜好，充分挖掘出自己的天赋，他因此会在那个领域里快乐地努力着，奋斗着。

美国人的方式适合于中产阶层以上家庭的孩子。孩子不用为最基本的生存问题约束了自己，可以去发现并专注于自己的热情和兴趣所在，成功只是兴趣的副产品。

美国人的方式适合于中产阶层以上家庭的孩子。父母有条件让他们自由发展，孩子不用为最基本的生存问题约束了自己，可以去发现并专注于自己的热情和兴趣所在，成功只是兴趣的副产品。

现在中国城市中的大多数家庭都已步入中产阶级的行列了，但是中国父母还在用家境贫寒的人的思维方式养孩子，尤其是那些天资聪颖有着各种天才素质的小孩，本来拥有极大的好奇心和创造力，但被硬生生地钉在书桌上反复做题，参加各种补习班，为了把成绩从九十八分提高到一百分而每天多做好几个小时的重复练习，背诵标准答案。孩子最初灵动的、对这个世界充满好奇和兴奋的眼神，一点点地变得木然，变得僵化，里面的火苗渐渐熄灭。因为天资聪颖，他们还是能够上名校的，只是生活的原动力在他们身上消失了，不仅创造力无从谈起，他们对生活都是兴趣缺乏。

父母可能没有意识到，如果让孩子自由发展，他们不仅可以上名校，还会热爱生活，会在自己感兴趣的领域大放异彩。

> 我们要守护着孩子的灵性和个性，将来无论如何变化，孩子都会顺势而为，脱颖而出。

20世纪著名的心灵大师奥修说："不是天才生下来的少，每个小孩本来都是某个方面的天才，是父母和学校社会的不当教育方式，把天才都给毁了。偶尔冒出来的几个天才是很侥幸地逃过了摧残的，得以把自己的天分展现出来。"

他还说："世界上最大的奴役发生在家庭里，是父母在爱的名义下对孩子进行的。父母制约孩子，用错误的方式抚养孩子。父母自己并没有觉得，他们正在摧毁小孩，把孩子变笨，而这实实在在地在各个家庭中发生着。"

"当一个人没有自我选择的机会时，他自己的智慧无法运行，只能机械化地按照别人的意志行事，他在精神上就残废了。当父母强迫孩子服从自己的意志时，就是在精神上摧残孩子，把孩子变成残废。"

> 世界上最大的奴役发生在家庭里，是父母在爱的名义下对孩子进行的。

他实在是看到了问题的根本，值得我们深思。

我们中国父母都对孩子非常负责，尽心尽力地教育培养他们，但是我们教孩子的方式是单向的：告诉孩子你应该怎么做，什么对你最好。我们和孩子不使用双向的交流方式，我们不和孩子讨论问题，不允许孩子质疑我们的决定和价值观，孩子在家里的角色就是听话和服从。这样长大的孩子，他的沟通能力、他的创造力都会出问题，因为从小就没有得到机会学习和发展。成人了以后意识到问题再重头学起，总是抵不过那些有童子功的人。

允许孩子为了自己的梦想去生活，去探索世界，他会为此而努力学习。

孩子实现自己的人生价值，找到生活的意义，找到内心快乐的源泉，才是他生活的目的。

现在处于新的工业革命时期，计算机和互联网正在迅速地改变着世界，实体销售行业正在被网络零售取代，实体银行业务被网上业务取代，大数据和人工智能的发展，将能代替程序员开发一般的事务性系统，机器人正在取代产业工人，将来取代外科医生也是大势所趋，3D技术的运用和普及，将颠覆整个制造业……如果父母还是信奉多年前的教条"学好数理化，走遍全天下""考上好大学，就有好工作"，那实在是耽误了孩子。

在瞬息万变的科技进步面前，我们要保护好孩子的好奇心和创造力，保护好孩子的天性和热情。当别人都在催逼孩子去各种补习班，做题做到深夜，把小孩变笨、变残废时，我们要守护着孩子的灵性和个性，将来无论如何变化，孩子都会顺势而为，脱颖而出。

允许孩子为了自己的梦想去生活，去探索世界，他会为此而努力学习，他也会努力考上好的学校，因为好学校确实会提供给孩子更好的资源和发展平台。但是考上好学校并不应该是孩子的人生目的；将来找什么样的工作也不应该是他的生活目的，那只不过是他实现自我的一个平台而已。孩子实现自己的人生价值，找到生活的意义，找到内心快乐的源泉，才是他生活的目的。

时间没有被浪费掉

有个朋友非常烦恼，跟我讲她八岁的儿子出现了很大的行为问题，在家里不像小时候那么听话，满屋子乱串。老师说他上课调皮捣蛋，一刻都停不下来，对同学不友好，态度粗暴且经常有肢体冲突，这在美国学校是很严重的问题，所以老师报告给学校的心理医生和校长，心理医生对孩子进行了全面评估，怀疑孩子有多动症，建议家长带孩子去医院做进一步的检查诊断。

朋友知道我对特殊儿童教育有研究，在学校特殊班里做义工，接触过各种有行为问题的孩子，所以她请我去她家看看她儿子，是不是真的有问题。

在她家里，我看到妈妈照顾孩子非常细致周到，孩子的每一件事她都给安排好了，这个时间该学什么，做完之后再做什么，包括什么时间吃点心，什么时间上厕所，都有时间表。我们在聊天的时候，她的目光一直在跟着儿子转。孩子一开始挺认真地在写作业，过了一会儿，他有点走神，妈妈立刻温柔地提醒他："你要专心写作业，写完了再玩。"几次三番下来，孩子开始上蹿下跳，妈妈也由轻声细语渐渐变成了大声呵斥，可是那孩子听而不闻。

孩子跑进了自己的屋里，"啪"的一声踢上了门。妈妈立即跟过去告诉他不能关门，妈妈要随时随地看到他才行。妈妈跟我说担心孩子在屋里惹祸出事，不安全。儿子跑到地下室去玩，妈妈马上拉着我跟下去看着孩子。

我问这位妈妈："如果在工作单位，你就在老板的眼皮底下工作，他一直盯着你的一举一动，一旦你伸个懒腰或者喝点水，老板就咳嗽一声或者过来询问一番，让你毫无放松的时刻，一天下来，你会怎么样？会不会全身不舒服？长此以往，会不会满腔郁闷地想要大声喊叫抓狂？"

我说："你这样时刻盯着孩子的一举一动，孩子的感受是相同的，也可能更严重些，因为孩子比我们大人要敏感得多。"

意大利著名教育学家蒙台梭利认为，孩子一出生就具备一个精神胚胎，其中藏有心灵成长的密码。孩子只有通过自己的行动、感受和思考才能解开这个密码。所以孩子的自由探索非常重要，因为这是精神胚胎得以发育的唯一途径。

> 孩子乱动、不听话的根本原因是被他妈妈盯得太烦躁了。

孩子需要不被打扰的时间与空间来发展他的内在品质和人格特性。朋友孩子乱动、不听话的根本原因是被他妈妈紧迫盯人盯得太烦躁了。其实不仅孩子，大人也需要独处的时间，发呆或者胡思乱想，让自己完全彻底地放松下来，这是人的内在精神世界所需要的。一个很严谨的人，在淋浴的时候会大声唱歌，因为他知道在那个空间和时间他是彻底与他人隔离开的，没有人会闯进来，所以他特别放松，会做些平时不做的举动。每个人都需要这种时刻。

很多妈妈都像我这位朋友一样，在教育孩子这件事上有强烈的紧迫感，希望孩子能把时间都有效地利用起来。小孩哪里知道什么有效的概念，所以

> 孩子也需要独处的时间。

均由大人来设计，把孩子作息时间安排得满满的，全程监督。妈妈的眼睛一直盯在孩子的身上，即使在做家务，即使在接电话，眼睛都盯在孩子身上，孩子稍稍走下神，写得慢一点，妈妈就会

提醒批评。孩子在学校里还能趁老师不注意的时候搞点小动作，课间休息时间还可以自己支配，出去跑跑跳跳透透气，有点喘息的时刻，可在家里被妈妈紧逼盯人，没有丝毫喘息的机会。

这样的孩子有些会屈从于父母的压力，变得沉默孤僻，还有很多孩子会像上面那个孩子一样表现出多动和攻击性等行为问题。

孩子是人，人都想有自己的独立意志，实现自己的个人意志，这是生命的根本动力。如果父母把自己的意志强加在孩子身上，那就是在损害孩子的生命力，剥夺孩子的生命权利，孩子本能地就要进行反抗，因为他在精神上、灵性上要有空间活下去。绝大多数孩子的行为问题都和他的个人意志被压抑有关。

即使从很多父母关心的开发孩子智力这方面来讲，小孩也是需要有些无所事事的时间一个人独处。玩玩手指头，望着墙发呆，胡乱涂涂画画……这个时间不是被浪费了的，那是孩子的生命在自由呼吸的时刻，是孩子的个性在自由发展的时刻，是孩子的想象力、创造力在形成的时刻！在他自由支配的时间里，他没有任何压力，可以把自己的想法自由自在地用各种方式表达出来，在想象的空间中翱翔，开发自己的创造性，这个时候他的心无拘无束，心智个性才会得到真正的发展，智慧得到开启。

> 大人对孩子干预过多，孩子的生命力被压抑，就会逐渐失去自主的愿望和能力，这对于孩子的内在成长是毁灭性的。

蒙台梭利的教育模式在全世界范围内得到认可，因为它符合了孩子的生长发育规律，她的教育理论的基本原则就是：养育者尽量减少对孩子的干预，给孩子最大的自由，尊重他们自我的发育进程，发展自己的潜能，学会独立。

如果大人对孩子干预过多，他们的生命力被压抑，就会逐渐失去自主的愿望和能力，这对于孩子的内在成长是毁灭性的。现在有人形容外表是成人而内在思维漠视依然是婴儿的人为"巨婴"，他们像婴儿一样只关心自己的需要，外界理所应当地照顾他……这些孩子的内在为什么没有跟着身体一起长大？那是因为父母一直在用自己的意志代替孩子的意志，将孩子的个人意志生生扼杀在摇篮里了。

很多孩子的逆反心理，其实就是对父母过度控制的反抗，是孩子被压抑的生命力的顽强抗争。有时候这种反抗因为父母的强大而难以奏效，但会延迟到未来的某个时段一下子爆发出来。

我在美国认识一个朋友，他从小就显露出数学天分，父母早早送他去学奥数，他的童年和少年的业余时间几乎都是在做题中度过的。他说父母不允许他浪费一点儿时间，把他每天的时间安排精确到分钟，比如早晨起床只有十分钟穿衣、洗脸、刷牙的时间，每天的晚饭必须在十五分钟内吃完。父母在他很小的时候就给他设定了一系列的目标，包括近期目标、远期目标，细分为一年、三年的目标，十年、十五年、二十年的目标，其中包括小学、初中、高中、大学分别考到哪所学校，要争取得到哪些奖项，等等。他在奥数上得奖无数，曾代表中国参加奥数竞赛，并取得了骄人的成绩，因此上大学时国内各大名校任他选择。上大学后母亲特意搬到学校所在的城市租房与他同住，不让他在学校住宿，以便于管理他的学业和生活，他说那时只要一下课，妈妈的电话马上就打进来，他所有的校内、校外活动他妈妈都了如指掌。大学毕业后他申请到美国留学，父母这次鞭长莫及，没法监管他了，而他从此开始放羊了。他的导师是诺贝尔奖得主，律己甚严，对学生要求也高，他感到压力很大，很不喜欢，半途自己申请转了系。同学四五年就读完的博士学位，他用了八年才读完。然后做了一个博士后又一个博士后，天天晃晃悠悠地混日子，得过且过。博士后的薪水够自己吃饭就行，既不去找工作，也不为未来打算，女朋友谈着谈着就散了，他也无所谓，闲暇时间就在网上玩游戏、下棋、泡论坛。父母来美国探亲看到他虚度光阴的样子痛心疾首，跟他讲他同学在国内都如何有出息，让他振奋起来。他当着父母的面不说话，任父母教训，但是从此以后再也不邀请他们来美国了。偶尔打电话回去，父母只要一谈到工作啊、前途啊的话题，他马上就挂电话。他曾开玩笑一样地跟我们一干朋友说："我从小到大一直都在分秒必争地学习和生活，一直都有个目标在前面等着，现在我就要换一种方式过日子，要浪费时间地、毫无目标地活着。"

他的父母曾经很为他们的育儿方式自豪，认为是他们的精益求精的时间管理模式造就了孩子的辉煌成绩，他上大学后周围很多家长把孩子送到他家让他父亲监督辅导。但是他父母当时并没有意识到，这个孩子的内在因为这种教养方式失去了一些更重要的东西，他的自我、他的主观能动性都被压抑了。

当父母企图操纵孩子的时间时，如果父母过于强势，或者孩子的内在不那么强大，孩子就会屈服，会听从家长的安排，这样的孩子在求学阶段表现优秀，没有"浪费时间"。可是等到该他自己安排时间的时候，像上面那个孩子一样，就会出现各种问题。反之，那些内在比较强大的孩子，小时候不听话，强烈反抗父母的控制，虽然当时成绩不够好，但是他的内在自我被自己保护了，得到空间成长，这样的孩子的后续发展往往会很好，因为这些孩子的人格比较健全，这些没有具体指标可以验证，却决定了孩子成年后生命的质量。

> 不仅孩子需要自由玩耍的时间，大人也需要，这不是浪费光阴和生命，而是至关重要的开启生命智慧的机会。

有人总结乔布斯的创造力那么强大的原因之一，是他一直保有着一个自己的世界。无论何时何地，他都给自己留有不被任何人打扰的、完全属于自己的时间和空间，他在里面独处，静坐冥想。所谓的"冥想"和孩子坐在那里"发呆"性质是一样的，用词不同而已。

香港学者梁文道曾说："读一些无用的书，做一些无用的事，花一些无用的时间，都是为了在一切已知之外，保留一个超越自己的机会，人生中一些很了不起的变化，就是来自这种时刻。"

他所表达的是：不仅孩子需要自由玩耍的时间，大人也需要，这不是浪费光阴和生命，而是至关重要的开启生命智慧的机会。

小时候的我为什么受同学欺负

上小学的时候，我在学校里学习拔尖，人又乖巧懂事，像个小大人一样（其实这个特点对于孩子来说并不是优点，是不大正常的），老师们都非常喜欢我，让我帮他们批考卷，早晨领着同学早自习，出题给大家复习，拿我当个小助教来用。我还当过学校的广播员，参加宣传队，参加文艺队，很多出风头的事情都有我。可那时不知为什么很多同学不喜欢我，男生们经常莫名其妙地捉弄我，椅子被藏起来了，书包被扔到地上，我在前面走，他们跟在后面喊我的外号……曾有段时间我的日子非常难过，心中委屈得要命，不知道哪里得罪了同学，也不知道怎么样和男同学搞好关系。

多少年后，我们小学同学聚会，有个男生过来跟我道歉说小时候不懂事，经常和你过不去。我就问他："那时候你们到底为什么那样对我呢？"

他有点不好意思地说："咱们小学同学不仅是同学，还都是邻居，父母们都认识，你学习好，表现那么好，每次开家长会，或者老师来家访，老师都要拿你当榜样来表扬，然后就狠劲批评我们不用功学习，调皮捣蛋，再接着批评家长不会教育孩子。家长被训斥了，就把怒气发到我们身上。那时我爸开完家长会就拿擀面杖打我，边打边说：'你看看人家老蔡家的姑娘，人家怎么就能门门考一百分，你就考不及格，就知道玩！我打

140

死你这个不知道长进的东西！'"

他说自己挨了打骂，满肚子怒气和怨气，第二天到学校看到我新仇旧恨就涌上心头，就用使劲欺负我来发泄自己挨揍的愤怒。

同学聚会时还有个男同学"交代"说，有一次他被爸爸拿我当典型又打又骂之后，捂着红肿的脸跑到我家窗下偷偷扔了一块大石头把我家玻璃给打碎了。

聚会结束后我回家把这事讲给我妈听，我妈说这么多年终于知道是谁干的了！那时我爸妈猜来猜去也不知道什么地方得罪人了，让人做出砸玻璃的事情来。

这都是大人拿孩子比较惹的祸啊！

老师树立好学生标准，家长拿自己家孩子和别人比，是教育孩子司空见惯的做法。可是大人们有没有意识到，这么做会让孩子心中累积非常大的愤怒和负面情绪？孩子因此觉得自己不够好，觉得父母不喜欢自己，更喜欢那个邻居家的小孩，所以孩子心里就会非常不安，从而失去安全感。

我的邻居们会喜欢我超过他们自己的小孩吗？

绝对不会！但是大人们的做法却给了自家孩子这样的错觉。

> 老师树立好学生标准，家长拿自己家孩子和别人比，这么做会让孩子心中累积非常大的愤怒和负面情绪。

有年轻人在论坛上讲：我们小时候有一个共同的敌人，名字叫作"别人家的孩子"。家长这么做的初衷是想给自己的孩子树立一个活生生的近在眼前的标杆榜样，激起孩子努力学习的动力，可是实际效果如何呢？

打个比方，如果老公有一天回来跟老婆讲："我同事的老婆可会做饭了，他带的饭那叫色香味俱全，你要跟人家好好学学。"老婆会有什么反应呢？她会下决心向老公同事的太太学习，努力提高烹饪技巧吗？我觉得很少有人会这么想，大多数女人的反应会是立即回一句："她好你找她去啊！你看人家跟不跟你！"再厉害些的会说："你看不上我是吧，看不上就离婚好了，你看上谁就找谁去！"

老婆如果被老公拿来与别人比了，后果可能会严重到两口子过不下去的程度。

换一下，如果老婆跟老公说："你看邻居家又换了一台高档车，听说他家男人又提职了，一年能赚五十万，你看你！几年了职位都没动过，回来就知道玩电脑，不能多学点专业知识往上努力努力啊？"老公会怎么样？他会努力提高业务水平，积极向邻居男人看齐吗？他通常的反应是很郁闷、很焦躁、很不平、很没面子，他很可能会用玩游戏等方式来逃避老婆的超高标准要求。

上面夫妻两个人的感觉相加，合起来就是孩子被父母比较后的感觉。可是孩子不会跟父母讲："你喜欢那个孩子让他当你们的孩子好了。"或者："人家父母都当官，都有钱，你们怎么不行呢？"孩子爱父母，依赖父母，最怕父母不爱自己，不要自己，所以孩子不会去对抗父母，但是他会受到深深的伤害，会郁闷自卑，觉得自己不够好，没能达到爸妈的期望。

每个孩子都不一样，各有自己擅长的方面也有不擅长的地方，如果父母拿孩子的短处和别人家孩子的长处比，对孩子非常不公平。从根本上讲，孩子的基因是父母给的，父母怎么不比比自己的基因能不能赶上别人呢？即使你有好基因，没传给孩子，也不能怪孩子呀！

孩子透过父母的眼睛看自己，形成自我认知。如果父母能够看到孩子的优点，欣赏孩子，对孩子很满意，孩子就会觉得自己很优秀，很自信，做什么都有底气。如果父母觉得孩子不如人，这也不够好，那也需要改进，时常贬损否定孩子，那么孩子也会自我否定、自我贬低。

很多年轻的妈妈给我来信，讲到婚姻和育儿中出现的问题，都会提到"我胆小怕事，内心深处非常自卑，因为小时候父母的教育方式完全就是打击式的，几乎从不正面肯定我……"父母负面地对待孩子，不仅仅会影响孩子的学业事业，还会对他们的婚姻家庭产生深远的影响，因为自卑、不自爱已经刻到了孩子的骨子里，让他们成人后也不会和人自然相处。

所以我们当父母的，要看到孩子的优点，看到孩子的努力，别去比较孩子，要时时处处发现孩子的优点，给予鼓励赞赏，这是建立孩子自信心的根本。

"早教"还是"早害"

有个妈妈给我来信说，她的同事在孩子不到一岁时就带孩子去早教班上课了，现在孩子一岁半已经认识很多字和各种图片，而她的女儿比同事的孩子大半岁，还没有上过任何早教班，也不识字，感觉孩子已经落后于人了，但是她看了我写的一些关于早教的文章，又觉得送孩子上早教班对孩子并不见得有益处，问到底应该怎么办。

认识很多图片，认识很多字，这个孩子就是先进吗？孩子以后就会聪明，就会像父母希望的那样成大器吗？答案是否定的。这样的早教，是在妨害孩子的生长。

> 孩子两岁之前，最重要的是和母亲建立起密切的亲子关系，建立起对这个世界信任和内在的安全感。

孩子两岁之前，最重要的是和母亲建立起密切的亲子关系，建立起对这个世界信任和内在的安全感。

在这个时期，给孩子一些声音和色彩图像等刺激，的确会有益于孩子的智力发育，但是，如果我们刺激孩子的东西是机械的、人类总结出来的知识化、制式化的东西，对孩子的弊就会大于利。比如，语言还有音乐是最能被接受的开发孩子智力的手段，可是无论哪一种语言它的音节都非常有限。我养鸡时就发现鸡的叫声有很多种变化，能表达出不同的意思来。可是人一说鸡叫就是母鸡"咯咯哒"和公鸡"喔喔喔"。狗叫声也有很多不同的叫法和意思，但我们只教给孩子，狗叫"汪汪汪"这么一个叫法。每个人都有过那种时刻，心里有想法却无法用语言表达，因为那些感受非常细微，语言太简单粗陋了，表达不出来。因为语言的极限性，用语言刺激孩子会限制孩子对声音的认知。

我们都认为音乐的表现力是非常丰富的，可无论多么丰富，音乐也很难准确地表达出风吹树叶的声音、雨点的声音、雪花飘落的声音、海浪的声音、一只苍蝇飞过的声音，等等。因为音乐是人制造出来的对旋律的表达方式，可大自然是极其丰富、广博和深奥的，人类音乐只能表达其中很小的一部分。我们用音乐刺激孩子对自然声音的感知，也会让他的认知变得狭隘和局限。还有我们用很多图片教孩子颜色，拿出一个红色图片告诉他这是红色，反复训练，孩子最终看到红色卡片会说是红色，大人就觉得很高兴，孩子认识红色了。自然中红色的花朵可以有几十甚至上百种不同的呈现，在这个年龄段，他是否知道这个颜色叫红色并不重要，重要的是他看到了各种各样的颜色。

> 大自然的丰富多彩远超人的知识范畴，父母带孩子走近自然，让他的触觉、嗅觉、听觉和视觉多受自然的熏陶和滋养，孩子的内在会以超出父母想象的速度吸收扩容。

两岁之前的孩子一直处于感受天地万物之中，他的感受是全方位的，丰富细腻的，他的眼睛、耳朵、鼻子、皮肤等感官像摄像机一样记录下他感受到的，他的智力发育就是靠着对自然万物的直觉体验来进行的。大自然的丰富多彩远超人的知识范畴，父母带孩子走近自然，让他的触觉、嗅觉、听觉和视觉多受自然的熏陶和滋养，孩子的内在会以超出父母想象的速度吸收扩容。大人如果用语言卡片文字去训练孩子，会让孩子错失了更重要的体验。

科学家曾对天才们做过系统研究，发现大多数天才在儿童时期语言能力发育偏晚、偏低，最有代表性的是爱因斯坦，五岁了还不会讲话，到九岁说话还不大利索。正是因为没有语言的干扰和限制，这些天才对自然的感知能力得到了充分的发展，维持在一个非常敏锐的水平上，使他们在后来能够发现别人发现不了的自然规律。科学家的研究结论是：智力的决定因素是人对自然的感知能力，继而去分析判断、推理整合、推陈出新，并不取决于对人类知识和技能掌握的多寡。

很多中国父母在"早教"问题上有个极大的误区，也是让他们热衷"早教"的主要原因，就是他们认为孩子掌握知识的多少决定了孩子的智力水平，决定了孩子以后的学业成就以及能否在未来的竞争中取胜。古时候人们得到资讯的途径非常有限，受教育的机会也极难得，那时谁会背的书多，谁拥有的知识多，谁就占了绝对优势。但是现在是资讯泛滥的年代，一个人记住了什么并不重要，别人上网一查就可以做到比你知道的还详细，重要的是怎么整合资讯去创新。一岁的孩子会数数，数到一百能怎么样？数到一万又如何？能认识多少个字又有什么意义？他还不到用文字理解意思的阶段，唯一的益处是可以让父母陶醉一下，觉得孩子有天才潜质，岂不知正是这个做法把孩子的潜质扼杀了，越早让孩子背诗、认字，孩子的本能、心智的发育越受到限制。

> 智力的决定因素是人对自然的感知能力，并不取决于对人类知识和技能掌握的多寡。

现代父母被莫名的焦虑和恐惧控制着，把注意力都放在学习知识上：学前让孩子学小学知识，小学学初中知识，初中学高中知识，到了大学之后孩子不得不在现实生活的磕磕绊绊中自学在幼儿园就应该会的起码的礼貌习惯和生活常识。

> 现在是资讯泛滥的年代，一个人记住了什么并不重要，别人上网一查就可以做到比你知道的还详细，重要的是怎么整合资讯去创新。

美国著名作家罗伯特·富尔格姆写过一篇文章叫《信条》，被誉为美国的《论语》。他说："那些我所真正需要的知识，即如何生活、怎样做事和为人，我在幼儿园里就已经学过了。智慧并非来自巍峨的科学殿堂，而是来自幼儿园的沙坑。下面是我所学的：有好东西要与人分享；公平地玩游戏；不打人；交还你捡到的东西；玩完之后要收拾好；不拿不属于自己的东西；伤害了别人要说对不起；吃东西之前要洗手；便后冲厕所；过一种平衡的生活——每天学一些新东西、思考、绘画、唱歌、跳舞、玩，外加每天干点活；每天睡个午觉；出门时，注意来往车辆；手拉手，紧挨一起；留意奇特的现象，每个生命都会死亡。记住你学到的所有字里最重要的那一个字——看。"

在幼儿阶段，要学会的正是这些最基本的做人常识，还有贯穿人的一生的生活习惯、处世准则。认字、算术、读书、记忆各种知识，等到孩子上学了自然会学会，各种才艺有则锦上添花，没有也不会对孩子生活有根本影响，但是如果没有给孩子养成良好的生活习惯，长大以后再想改变，因为人已定型了，孩子不知要跌多少跟头、花多少心力才能做到。

如果父母想让孩子成才，最重要的就是给孩子无条件的爱，让丰盈的爱在亲子之间流动，满足孩子的身心需要，顺应孩子本身的发育节奏，在自然

> 美国心理学家经过多年的对于成功人士的研究认为，能够让孩子走向成功的"七大秘密武器"是：坚毅（grit）、热情（zest）、自制力（self-control）、乐观精神（optimism）、懂得感恩（gratitude）、社交智力（social intelligence）、好奇心（curiosity）。

的环境下细心呵护他的本然，让他内在的胚胎得以健全发育成长。天才不是培养出来的，孩子的内在都有其天才的潜质，父母给孩子机会让他自然地发育好，他就会成为某方面的天才。可是这种只守护不干涉的做法对于现在的父母来说太难了，父母自己的焦虑无处安放，逼迫孩子不到一岁就开始学习，这样可以让自己安心，摧残孩子也在所不惜，所以现在很难有天才涌现出来。

即使不为了培养天才，只是希望孩子未来在事业上成功，那么灌输知识也是最下乘的做法。美国的心理学家经过多年的对于成功人士的研究认为，能够让孩子走向成功的"七大秘密武器"是：坚毅（grit）、热

情（zest）、自制力（self-control）、乐观精神（optimism）、懂得感恩（gratitude）、社交智力（social intelligence）、好奇心（curiosity）。

在这七大武器之中，只有"社交智力"可以算作是情商，而中国父母们最重视的智商，根本被排除在了这"七大秘密武器"之外，而记忆知识的能力，更是边都没靠上。

其中的第一项是grit，它的含义是对于目标的持续地努力和坚持，是不忘初衷的专注投入，朝着目标百折不挠地努力，被认为是人获得成功最关键的因素。

美国父母特别热衷于让孩子参加群体性的体育活动，让孩子们踢足球，打篮球，玩冰球、棒球，既可以锻炼意志和勇气，培养群体合作精神，又可以培养面对失败不气馁的精神，塑造孩子的精神和性格，正是吻合了上面所说的成功的主要条件。

其实"grit"这种精神在孩子的本性中是天然存在的。如果一个孩子可以一直尝试做一件事，做不成想别的办法还要去试，念念不忘，非要做出来不可，那就是"grit"。可我们很多父母会觉得孩子的这种行为是死脑筋，是犟，是不知拐弯通融，所以会去打击孩子、去指导他把他拽回来，使得很多孩子做事没有常性，易半途而废，缺乏毅力和坚持。

父母们要在建立自己的安全感上下功夫，深入学习一些儿童发育的知识，不再拿孩子与别人比较，然后陷于孩子落后了、以后会没有前途了这些自己恐吓自己的想象中。

我有个朋友，从事与电脑相关的工作多年，跟我谈起早教的话题，他是这样比喻的：

电脑虽然比大脑粗陋简单了不知道多少倍，但是它是现实世界中和大脑结构最接近的东西了，如果我们把人脑比作电脑，那么大脑是整个操作系统，知识技能等都相当于软件，头发脑壳形状这些是外观。

小孩刚生下来的时候，他的大脑功能很简单，还没有发育完整，好比电脑里安装的只是一个简单的、安全的、限制版的操作系统。在孩子的成长过程中，这个系统逐渐地被完善，经过十多年的时间才会慢慢扩充成一个全方位的操作系统。

而早教就相当于给孩子的大脑安装超前软件，可是孩子的操作系统是限制版的，容量有限，如果给他下载很多超前软件，那么到了后面系统想要扩充完善的时候，就没有办法操作了，这儿要打一个补丁，那儿要打一个补丁，勉强给安好了，运转起来也不顺畅。父母着急给孩子安装好软件，看似孩子懂得多了，掌握某方面的知识多了，技能多了，实际上影响了他后面整个系统的完善。那些没有提前安装软件的孩子，他一开始可能表现落后，可是等他系统顺利安装好了，这个时候他喜欢什么软件就下载什么软件，安了之后都会兼容，运作流畅。

父母在孩子大脑完善系统的过程中，除了急功近利地给孩子安装各种软件之外，还特别喜欢把自己的操作系统复制给孩子。父母的操作系统又老又旧，还带有各种病毒，虽然你自己用了多年用顺手了，可是并不适合孩子这个新机型。孩子的系统虽然一开始简单，可是他在不断升级、扩充，最后会成为一个又新又好、独一无二的操作系统，是父母各自拥有的两个老系统无法比拟的。

> 父母在孩子大脑完善系统的过程中，除了急功近利地给孩子安装各种软件之外，还特别喜欢把自己的操作系统复制给孩子。父母的操作系统又老又旧，还带有各种病毒，虽然你自己用了多年用顺手了，可是并不适合孩子这个新机型。

所以，父母在孩子完善系统的过程中，不要急于求成，别去插手，别去干扰，他需要什么就给他提供什么，守护着他，给孩子时间还有自由按照他自己的节奏去成长。

要知道如果电脑的操作系统出现了问题，再高档的软件也弥补不了。

父母护短要有度

　　袒护自家孩子可以说是做父母的天性，它符合自然规律，孩子小的时候就是要靠父母的保护才能规避危险，顺利长大。"护短"出自对孩子的爱，只是这件事要有个"度"，如果过了，就由"爱"变成了"害"。

　　儿子三猪小时候我带他参加了我们当地的"妈妈俱乐部"，这是遍布世界的一个专门由在家妈妈们建立的组织，给妈妈和孩子们提供了一个社交平台。

　　我们当时参加的是两岁孩子小组，一共有八个孩子，其中有个男孩叫卢卡斯，他妈妈曾经是一家希尔顿酒店的总经理，年轻时拼事业，等到想要孩子的时候却要不上了，好不容易在四十三岁的高龄用试管婴儿的技术生下了卢卡斯。怀孕后期她就辞了工作，专门在家里养这个宝贝儿子，她对卢卡斯那真是捧在手里怕摔了，含在嘴里怕化了。

　　孩子们在一起玩的时候，妈妈们都非常注意教育自家孩子守规矩，告诉孩子不能抢别人手里的玩具，如果有两个以上的小孩都想玩同一个玩具，那么就轮着玩，每人玩两分钟，由一个妈妈计时。

　　可是卢卡斯不管这一套，他看到别人手里的玩具好玩，扑上去就夺，然后死也不撒手，被抢了玩具的孩子自然也不肯罢休。如果别的孩子出现这种情形，妈妈一般都会马上出面制止自己的孩子，可是卢卡斯的妈妈不管，看着卢卡斯没吃亏，她就一声不吭，有时候卢卡斯太过分了，她会轻描淡写地说两句，明着说卢卡斯，实际上还是把被抢的那个玩具让给卢卡斯玩。随着卢卡斯抢玩具的行为越来越嚣张，其他妈妈们的脸色都变得难看起来。一次凯文的妈妈看到卢卡斯又抢凯文的玩具，忍无可忍出面制止："卢卡斯，你不能抢凯文的玩具，要大家轮着玩。凯文先玩，他玩两分钟再轮到你。"卢卡斯看了看自己的妈妈，拽着那个玩具不撒手，他妈妈在一旁说道："玩具已经在卢卡斯手上，就让他先玩好了，他玩完了，凯文再玩吧。"

凯文的妈妈当时没有多说一句话，看也没看卢卡斯妈妈，抱起自己的儿子就离开了活动室。其他的妈妈们也都纷纷站起来领着孩子走了，只留下卢卡斯和他妈妈两个人在屋里。

卢卡斯娘俩的行为犯了众怒，妈妈护短的结果就是没有人再和她的孩子玩了。

后来大家私下组织活动都不叫卢卡斯，俱乐部的活动如果她们来参加了，妈妈们都一改平时随意地聊天、由着孩子们自由玩耍的态度，每个人都睁大眼睛盯着自己的孩子，一旦卢卡斯出现推别人、抢玩具等不良行为，妈妈们马上就冲上去严厉制止卢卡斯。每到这时，卢卡斯的妈妈的脸上都是红一阵儿白一阵儿的，她说不出不让别人说卢卡斯的话来，因为太明显是她儿子做得不对，可是她又那么想让卢卡斯为所欲为。后来，他们渐渐地就不大参加俱乐部的活动了。

几年后我在三猪的学校里又见到了卢卡斯。随着年龄的增长，他似乎变得更加跋扈了。六七岁的他根本不知道和同龄人正确的相处方式，能够看出来他是想和小朋友好好玩的，只是他的方式不对，一定让大家都听他的，不听他就动手，一动手就被送到校长室接受惩罚，他妈妈也隔三岔五地被叫到学校领孩子回家反省。卢卡斯交不到朋友，自己很烦躁，就用惹是生非的方式引人注意。

因为他总动手打人，多次警告无果之后，学校发出了最后通牒，再犯就不许他上学了，无奈之下他妈妈把他转到私立学校上学去了。

过了一阵子，我在跆拳道馆看到卢卡斯的妈妈领着他来学跆拳道，他妈妈跟我说在私立学校里有大孩子暗地里欺负他，所以希望他能学会功夫护身。

卢卡斯欺负别人妈妈不管，受了欺负她马上就要想办法还击。妈妈这么护短，实际上是害了这个孩子。他现在就出现了人际交往上的困难，到哪个学校都惹麻烦。他不懂得怎样与别人相处，在学校交不到朋友，自己非常不快乐。而且这样下去，他将来在职场和婚姻中也都会问题重重的。

> 在幼儿阶段一定要让孩子学会与人沟通和交往的基本规则。父母一味地给孩子打保护伞暂时看似孩子没有吃亏，长远看孩子吃的是大亏。

在自家孩子和别人家孩子有冲突的时候，家长的注意力应该着重放在怎么样让孩子从中学会与人相处上，在幼儿阶段一定要让孩子学会与人沟通和交往的基本规则。父母一味地给孩子打保护伞暂时看似孩子没有吃亏，长远看孩子吃的是大亏。要放手让孩子从小就面对真实的社会，拥有自己解决问题的能力才行。

我已经成了"愚蠢的父母"

　　有一次，我和三个孩子一起去图书馆借书，各自都挑了一摞书到柜台登记，我站在一旁冷不丁地看到图书馆员扫描的那本书的名字，立即瞪大了眼睛，伸手拿了过来。

　　那本书叫《愚蠢的父母》（*Stupid Parents*，Revell出版）。我翻了翻，抬头问道："这本书是谁借的?"

　　小州看了看封面，皱了皱眉，撇清道："不是我。"然后我们俩的目光一起转向了凯丽。凯丽那年刚上初中，正是青春期开始的时候。看到我们看她，脸色有点不自然地说："是我借的。"

　　我"噢"了一声，她看看我，又补充一句："我只是想了解一下而已。"

　　我又"噢"了一声，想了想对她说："能不能先让我了解一下?"

　　她点了点头。

　　看到孩子借这种书，我心里真是五味杂陈啊!

　　想起来那段时间凯丽时常纠正我和她爸爸的英语发音和语法，还对着我们叹气说："你们为什么老犯这种最简单的错误?"孩子真地长大了，小时候他们眼里的英雄，现在已经变得愚蠢而且难以忍受了。听说过很多孩子到了青春期不愿意和父母一起出门、不愿意在学校见到父母的故事，凯丽虽然没有明确这样表示出来，但是她在心理上，只怕以父母为荣的日子已经一去不复返了。

那么是父母的哪些言行让孩子觉得在朋友面前没有面子呢？

这本书的小标题是：

为什么他们就是不明白以及你怎么能让他们明白

封底大字列着：

你怎么能：

让父母停止唠叨

与过度保护的父母沟通

当事情搞砸后重建信任

让你的父母说"同意"

看了上面这些话题，很多孩子大概都有读一读此书的欲望了。

这本书是一位叫作海蕾·迪玛科（Hayley DiMarco）的女作家写的，她在书的前面还贴上了自己年迈父母的温馨合影，很幽默地说："瞧瞧，这是我的'愚蠢'的父母。"

海蕾尝试从孩子的角度去看父母，把孩子眼里父母的问题表达出来，同时又从父母的角度讲那些问题出现的原因，引导孩子去理解大人的做法，更进一步，告诉孩子们怎么和父母沟通，怎么让父母理解自己以及怎么修正自己的一些不适宜的行为让自己真正成熟起来。

比如说到怎么能让父母停止唠叨，作者讲道，父母之所以唠叨，是因为在他们心里有一套该怎么做事和你的人生应该成为什么样的想法，当你没有按照他们的思路去做的时候，他们就开始唠叨你了。

父母要一遍一遍地讲同一件事，是因为你没有在一开始就照着他们说的做，所以避免唠叨的最有效的方法是：在他们说第一遍的时候就做去！

当你没有时间去做他们要求的事情或者不同意他们的观点的时候，不要翻白眼，不要说"别唠叨了"，不要转过身背对着他们，不要敷衍："我知道了，我知道了"，不要捂耳朵，更不要嘟囔说他们蠢。

要看着他们的眼睛，仔细听他们讲，然后向他们道歉你没有做到的事情，告诉他们你理解他们的感受，知道他们都是因为关心你才要求你。然后告诉他们你没去做的理由是什么，你打算怎么办。这样沟通之后父母会容易理解你的想法，不再对同一件事继续唠叨下去。所以，想让父母像对待大人一样对待你，你自己要表现得像个成熟的大人一样。

> 如果孩子在青春期就学会了合理沟通，相信以后的人生会因此走得平稳顺畅得多。

这些建议实实在在地会提高孩子的沟通技巧，从而改善与父母的沟通，相信也会提高孩子与他人沟通的能力。我觉得我们很多成年人都还不具备这种沟通能力，假如夫妻之间能够这样沟通，会避免很多矛盾和争执。如果孩子在青春期就学会了合理沟通，相信以后的人生会因此走得平稳顺畅得多。

书中还提到父母最让孩子没面子的十件事：

在公共场合骂你

衣服穿得像个呆子

想表现得很酷

讲话太大声使得别人都注意到你们

在公共场合对你过于关心

在你的朋友面前对待你像对待小小孩一样

拷问你的男/女朋友

在你的朋友面前说蠢话

喝醉酒或者吸毒

不注意个人卫生

我想我们为人父母者，都应该引以为戒，尽量避免这些让孩子感觉困窘的言行才是。

我把书还给凯丽的时候，告诉她，书很好，我很受益，希望你也能从中受益。然后告诉她一句马克·吐温的名言："当我十四岁时，我爸爸蠢极了，我简直受不了这么个老家伙在我周围，不过等我到了二十一岁，很震惊他在七年时间里竟学会了那么多东西！"

我试图让她明白：我理解她的感受，接受她的感受，等待她的成长。等到她过了青春期，会发现父母没有那么愚蠢，还是有些人生经验和智慧的。

她对父母的看法和感受是处于青春期的孩子都要经历的一个过程。

《孟子》中关于教书育人的故事

在《孟子》的《离娄章句下》中讲了这样一个故事。

羿是射箭第一高手，有一个叫逢蒙的年轻人很崇拜羿，就去拜羿为师学习射箭。逢蒙把羿的射箭技艺全部学会了之后，就想："现在全天下只有羿的射箭技艺能超过我了，如果羿死了，那我就变成天下第一了。"于是，逢蒙就把羿给杀死了。

孟子听说这件事的时候评论说："这件事羿也是有罪过的。"

有人很不理解，问："好像羿没什么罪过吧？他可是受害者啊！"

孟子回答说："罪过小些而已，怎么能说没罪呢？"然后孟子就讲了下面这个故事。

郑国曾派子濯孺子去侵犯卫国，卫国则让庾公之斯前来截击子濯孺子。子濯孺子被追上的时候，感叹说："我犯病了，没法张弓射箭，今天只怕要丧身于此了。"然后他问车夫追来的人是谁，车夫说："是庾公之斯。"子濯孺子一听，高兴极了，说："我今天死不了啦！"

车夫不明就里，就问道："庾公之斯是卫国赫赫有名的射箭高手，怎么他追你你反倒死不了呢？"

子濯孺子答道："庾公之斯是跟尹公之他学的射箭，而尹公之他是跟

157

我学的射箭。尹公之他是个正直的人，他的学生也一定是个正直的人。"正说着，庾公之斯追到了眼前，见子濯孺子并没有拿着弓箭准备开战的样子，就问道："先生您为什么不拿弓呢？"子濯孺子说："我今天犯病了，没办法拿弓。"庾公之斯就说："我是跟尹公之他学的射箭，而尹公之他又是跟您学的射箭，我不忍心拿先生的技艺反过来伤害先生。但是，今天我是为国家办事，不能什么也不做。"说完，庾公之斯抽出箭来，在子濯孺子的车轮上敲了几下，又拔下箭头，发了四箭之后掉头离去。

> 一个好的老师，不仅要教学生知识和技能，更应该教学生如何去做人。

孟子的故事讲到这里就打住了，并没有再接着论述下去，但我们从文中都能看出孟子想要表达的意思来。他认为一个好的老师，不仅要教学生知识和技能，更应该教学生如何去做人，一个老师要把学生培养成一个正直的人才行。孟子说羿有罪，指的就是羿只传授了逄蒙箭技，却没有教逄蒙为人处世的道理。品德不好的人，学识越高，技能越强，危害就越大。

引申开来，孟子认为一个老师，只教书不育人是有罪的。

> 怎么去对待一个位置和你差别很大的人，无论是高位还是低位，都能看出一个人的素养、心胸和气度，这些虽然和工作能力无关，却会在企业经营的关键时刻决定成败。

我有位企业家朋友讲他招聘重要岗位人员时，考核到最后会请几个候选人一起进餐，并暗中叮嘱服务员中间故意出错几次，借以观察应聘人的反应。那些对服务员态度很差、出口训斥的候选人，基本不会被录用。他说怎么去对待一个位置和你差别很大的人，无论是高位还是低位，都能看出一个人的素养、心胸和气度，这些虽然和工作能力无关，却会在企业经营的关键时刻决定成败。

先做人，后做事，人做好了，事还会差吗？

所以说，教育是教学育人，不仅学校老师应该重视品德教育，家长更应该把孩子人格和道德方面的培养教化放在首位。

第六篇

美国学校对孩子进行的爱的教育

老师最关心的不是学业，不是纪律，而是孩子们的感受，孩子的感受高于一切。学校注重的对孩子进行的爱的教育，基本人格修养的养成，对他们的未来起了积极的作用。

美国老师开学第一天布置的家庭作业

小儿子三猪第一天去上学，从学校拿回来一个家庭作业，两张纸订在一起，第一页是一封信，第二页是浅粉色的比较硬的一张空白纸，在第一页纸上写着：

亲爱的家长们：

今天我们在班上读了一本很好的书叫《吻之手》（*The Kissing Hand*，作者Audrey Penn，Tanglewood Press出版）。这本书写的是一个叫切斯特的小浣熊要去上学了，他有点担心也有点难过，因为他觉得自己到学校后会很想妈妈。浣熊妈妈于是告诉了切斯特一个可以帮助他感受到快乐的秘密。

下面是这本书的摘抄：

浣熊妈妈拿起切斯特的左手，把他的小爪子都伸展开，她头向前

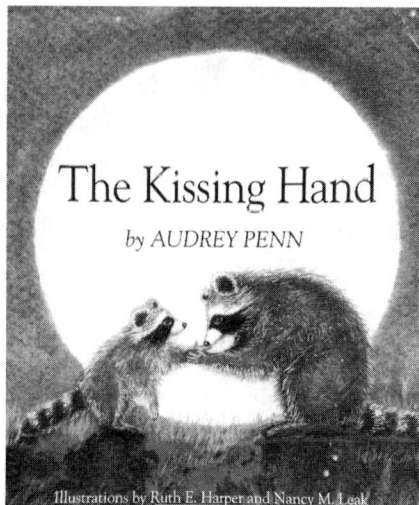

倾，往切斯特的小手心里深深地吻了下去。

切斯特感觉妈妈的吻从他的手心进去，冲上了胳膊，一直进入了他的心里，甚至他脸上柔软的黑面罩都感觉到了特别的暖意。

浣熊妈妈微笑着告诉切斯特："在学校里不管什么时候你感到孤独或者感到需要一点来自家里的爱，你就把手放到脸上想，'妈妈爱你，妈妈爱你。'然后那个特别的吻就会跳到你的脸上让你充满了温暖的感觉。"

孩子们也会喜欢您给他一个"吻之手"。为了帮助孩子们记住那个吻，请在我们提供的空白纸上把您的手形描下来，再把它剪下来，然后在那上面画一个"心"或者写点什么。请把做好的手粘到孩子每天要带回家的夹子里面，让它成为一个爱的提醒，让您的孩子每天背着它进出家门。

谢谢您！

我按照老师的指示，把手放在粉色的纸上仔细地描下来，沿线剪好，在上面写上了：妈妈爱你！又画了一个心，点上眼睛和嘴巴，变成一个大大的笑脸，给三猪看了之后，仔细地粘到了学校发的夹子的内侧，再让他把夹子放进书包里。

然后我拿过三猪的小手，把他的手指一个一个地伸展开，低头使劲亲了几口，告诉他，妈妈的吻已经沿着胳膊进入了他的心里，当他在学校感到孤独、感到需要一点爱的时候，就把手放到脸上，妈妈的吻就会跳出来给他温暖和抚慰；他还可以打开书包，看看夹子里妈妈的手，那里装的都是妈妈的爱……

三猪显然在学校已经了解了这个过程，他在我吻他的手的时候，伸着小手一动不动，吻完了之后还把手放在自己的脸上感受了一番，然后又拿过我的手，把他柔软的脸蛋贴到我的手心里给了我一个吻。

我拥抱着他，心里是满满的感动，爱意在我和他之间流淌。

孩子上学的第一天，老师没给学生留任何作业，没有提任何要求，却留了作业给家长。这不仅仅是作业，也是美国老师给父母上的一堂怎么对待孩子的课啊！

老师最关心的不是学业，不是纪律，而是孩子们的感受：他们刚上学是否会想家、是否会想妈妈，在一个新环境里是否会感到孤独、害怕？老师想到了用某种代表妈妈的信物给孩子们以安慰，安抚孩子离家的脆弱，建立他们的安全感。

爱的教育是最重要的教育，孩子的感受高于一切。

老师最关心的不是学业，不是纪律，而是孩子们的感受。

爱的教育是最重要的教育，孩子的感受高于一切。

五年级学生为老师开"宝宝庆祝会"

美国有各种名目的派对，其中有一种很温馨的叫"Baby Shower"，是为准妈妈开的庆祝会。"Baby Shower"一般在预产期的前一两个月内举行，有的孕妇要参加好几场：单位同事给开的、亲朋好友给开的，大家会送上婴儿需要的各种物品，同时把祝福也送给准妈妈，让她为宝宝的出生做好物质和精神上的准备。

凯丽上五年级时，她的班主任老师怀孕了，预产期是六月下旬。负责班里活动的几个家长商量着让孩子们给老师开一个"宝宝庆祝会"。为了增加趣味性，有个家长提议不让老师知道要开这个派对，到时候给老师来一个惊喜。

负责的家长先给班上每个家长去信，让大家捐款。最后共收到了一百五十多元钱，花一百元买了婴儿用品商店的礼卡，剩下的钱给老师买了一些婴儿衣物，其中最重要的一项内容是买了一个大大的漂亮贺卡，让班上的每一个孩子都签了名。

所有这一切都是背着老师偷偷进行的。

家长们做这件事没有丝毫的功利目的在里面，这个学年还剩下两个星期就要结束了，下学期孩子们都要上初中了，不会再在该老师的班上，家长们就是想带领孩子们表达一下对老师的美好祝愿。

派对的时间选择在班主任上数学课的时候。那天，我拎着饮料匆匆往教室里走，旁边一个屋子里的人突然都向我招手，原来是几个来得早的家长和孩子们利用户外活动的时间藏在这里做准备。一个校工当侦探，出去巡视了一圈回来说，老师在准备室里，马上就要出来了，孩子们赶紧冲回了自己的教室，各自躲在靠门的不易被发现的一侧，等待老师的到来。

二十多个十一二岁的孩子聚在一起，想让他们不出声挺难的，此起彼伏的"嘘""嘘"声响起，大家彼此提示不要讲话。

凯丽拉着我的手靠在墙边站着。我在暗自担心：老师还有不到三周的时间就要生了，按照中国人的习俗，孕妇不能受惊吓，尤其是怀孕后期，吓一跳有时会把孩子给吓出来的。二十多个孩子一起大喊一声，老师如果被惊到了可如何是好？

终于，老师慢慢走了进来，大家跳起来一起大喊"Surprise!"老师站在那里有点吃惊，脸都变红了，但是并没有想象中的那么大吃一惊。原来，教室的门通常都是开着的，那天有个孩子把门关上了，老师心里就有所警觉，猜测着孩子们在搞什么猫腻。

我放下一颗心，孕妇有本能，警觉性高，想吓到她也不容易。

孩子们拥着老师坐在中间让她开礼物，她每拿出一样小衣服或者小毯子都给孩子们看看，顺便告诉他们是什么用途，嘴里不住地说着谢谢。打开贺卡时，看到孩子们的各式签名，老师很感动，眼圈都有点发红了。

凯丽前些日子回家讲起过，老师曾让每个孩子摸过她的肚子，实际感觉一下宝宝在里面的硬度和动静，有个孩子摸到宝宝动了，激动得大叫。孩子们觉得自己的老师和别的老师不同，有个特别的话题，都很自豪的样子。我每一次到学校帮忙，都会发现老师的肚子越来越大，这一次见面看到老师的脚都有些肿了，孕期带着一班上蹿下跳的孩子，真是不容易，孩子们也都很懂事，很多事情都帮着老师做，减轻老师的负担。

游戏时间到了。家长们设计了三个游戏。第一个是在一个盘子里装了十几样婴儿用品，让孩子们分组观看二十秒，然后让大家默写下来物品的名称，竟然没有一个孩子能够写全，又让他们回去看了十秒，再写，终于有人写全了，但有好多东西是用自己发明的名词代替的，老师一边看一边笑。

第二个游戏是模拟换尿布。两个孩子一组，背起一只手，两个人各用一只手，合作给娃娃换尿布。先用湿巾擦干宝宝屁股，再把干净的尿不湿包上。当宣布游戏内容时，就听见几个男孩发出怪叫声。十多岁的男孩，大概觉得自己离给小孩换尿布的那一刻有一万年那么久吧。

看着孩子们笨手笨脚地给娃娃们包尿布，我们几个家长的肚子都要笑破了。有个男孩拎过来娃娃，擦擦屁股，自己的嘴巴鼻子都拧到了一起，好像那个塑料娃娃的屁股真的有多臭一样，然后粗手粗脚地把娃娃往地上一扔，准备包尿布。那娃娃要是个真孩子，非给摔出个脑震荡不可。

性别不同在生活内容上会有差异。

女孩组合普遍都包的好，一男一女组合也不错，两个男孩一组的就状况百出，小小年纪，就可以看出来不同性别在不同生活内容上的差异。

第三个游戏，是和吃吃喝喝同时进行的，一个家长做了一个大蛋糕，我和其他家长带来了小吃和饮料，孩子们一边吃喝，一边帮老师的女宝宝想一个合适的名字。先从字母A开始，一开始的名字还很正常，到后来越来越怪异，当我听到"Avatar"（阿凡达）时，差点被嘴里的蛋糕噎住。

后面说到"M"，Kelly抓耳挠腮想不出来合适的，我走过去提醒她，你表姐叫什么名字？她眼睛一亮，赶紧举手，那个名字得到了几位家长的表扬。

一个小时的时间很快过去了，几个搞活动的家长收拾东西准备离开，老师告诉孩子们把数学书本都收拾起来，准备上下一堂语文课。一个男生做着鬼脸说："我最喜欢这个派对，原因就在于不用上数学课了。"

老师还了他一个鬼脸。

　　这是老师的第一个小孩，所有的孕期体验都和这个班联系在一起了，相信这些孩子们和这个"Baby Shower"会给她留下难忘的印象。而孩子们对怀孕、孕妇、宝宝等这些人生经历有了近距离的体验，也学会了如何对别人表达祝福。

参加三猪班上的情人节 Party

Valentine's Day这个节日在中文里被叫成情人节，并不是很合适。它在西方不仅仅局限在男女之情上，而是一个"爱"的节日，是包括老人小孩单身已婚的所有人的节日，因为每个人心中都有爱，都有资格快快乐乐地过节。孩子们互相送卡片表达爱意，孩子也送给父母卡片，夫妻之间也互送礼物卡片，一起出去吃饭庆祝，恋人们也会以各种方式互表爱意。

每年到了这一天的下午，孩子的学校班班开派对庆祝，基本就不上什么课了。这种派对都是由家长义工主导，有游戏、手工、食物等，都是家长们提前准备的。

三猪上学前班时，我去他们的派对当义工，全班一共有二十个孩子，有六个家长组织帮忙。

派对开始，首先是互赠礼物。每个孩子都提前在家里准备好了给全班小朋友的卡片和礼物，这时候都拿了出来，孩子们又在一个空白的大纸袋上写上自己的名字，放在桌上。随后拿起自己备好的礼物按照名字放到同学的袋子里。教室里此时乱成了一锅粥，所有的孩子都手持一包东西团团转地找袋子，三猪有个卡片拿了半天也没送出去，我上去帮忙，他一扭身不让我动，告诉我他能找到。

分完礼物的同学坐回座位上开始检查自己都收到了什么东西，卡片上往往带着糖果、铅笔还有贴纸等小东西，最有特点的一个卡片，是那个男孩子的全身照，上面写着情人节快乐，在他手的位置剪出个小口，插着一块棒棒糖。这个节日的经典礼物是巧克力和糖果，所以孩子们收到的大多数礼物都是糖，有些性急的孩子看到糖果就打开吃了，老师急得在一旁大喊："都不要打开，等回家再吃。"

然后大家一起做游戏，一个游戏是分组，每个人都两腿夹着心形卡跳着走，最后看哪个组最快。孩子们有的懂了，有的没懂，怎么玩的都有，把我们家长给乐得前仰后合。

然后一个家长拿出一大罐子有情人节包装的巧克力，让大家猜里面有多少块。她提示到，一共二百块以上，所以可以写成2___，五岁多的孩子大多不明白意思，写成什么样的都有，很多孩子听懂了二百，就直接写成了200。我启发三猪了一番，他写上了230，旁边的那个小孩写成了20050，我给他讲了半天他也没明白。另一边那孩子写的是250。

公布答案是241，三猪旁边的同学因为猜的数字250最接近答案而赢了大奖：一大块巧克力。

我们几人把那罐糖果分成了二十袋，分发到孩子们的口袋里，算作是家长给孩子们的情人节礼物。

有个妈妈准备了各色的心形硬纸，我们给打上孔，五个一组用线穿上，分发给孩子，让他们给父母发信息，可以选择"送你一个吻，送你一个拥抱，很多拥抱、很多吻，很多爱……"孩子在每个卡片上都照猫画虎地写上了这些爱的话语。

每个孩子又做了一个可以挂在门上的手工，上面画了画，写的是"你对于我是最特殊的……"三猪回家给挂到了主卧室的门上。

这里的老师、父母，随时随地对孩子进行爱的教育，让他们知道怎样去表达爱。

手工和游戏都做完了，开始吃东西。家长们带来了小杯蛋糕、水果、饮料、饼干等，这是孩子们最高兴的时候了。

多年来参加了孩子们的各种派对，真的佩服老外母亲们的创意，可以想出来那么多游戏和手工的点子来。后来听说有很多种书可以参考，那也得下功夫去找合适的，符合季节、节日的，要花很多心思。老外妈妈们通过当义工，组织活动等参与到孩子们的学校生活中，了解学校的运作和政策，了解孩子班级老师的情况和孩子的交友学习情况，他们并不在孩子的学业上下功夫，而是"功夫在诗外"。

> 学校注重的对孩子进行的爱的教育，基本人格修养的养成，对他们的未来起了积极的作用。

派对结束后，离放学还有半小时，这天是图书馆课时间。孩子们要么到图书馆借书，要么是图书馆员来读书，这次是老师来读书。我们几个妈妈都在一旁等孩子放学，也都跟着听老师读书。老师那天读了一本和星星有关的书，边讲边提问，有个问题是让大家猜猜天上有多少颗星星，有个小孩说有16个，有个小孩说有24个，还有个小孩说有几百个，老师说是上百万个，看孩子们的样子，似乎没几个理解"百万"这个词的。

我回国看到国内的学前班的孩子都会识字运算，都特别明白事儿，可这里的学前班的孩子普遍懵懵懂懂的。学前班上课基本以玩为主，大半年过去了，还在学写字母，一位数加法。一周一张作业，每天两三分钟就做完了。

可是，美国却有全世界数量最多、最好的大学。按照我们对孩子学习的紧迫要求，我们才应该在教育上一直领先啊！显然美国对低年级孩子在学习上低标准、松要求对于他们后来的发展并无什么消极影响，相反，学校注重的对孩子进行的爱的教育，基本人格修养的养成，对他们的未来起了积极的作用。

美国小孩九岁之前要学会的二十五种基本礼节
（25 Manners Every Kid Should Know By Age 9）

原文取自美国2011年第三期《父母》杂志，作者：David Lowry, Ph.D，翻译：蔡真妮。

1. When asking for something, say "please".

   对别人提出要求时，要说"请"。

2. When receiving something, say "thank you".

   接受别人的东西时，要说"谢谢。"

3. Don't interrupt grown-ups who are speaking with each other unless there is an emergency. They will notice you and respond when they are finished talking.

   不要打断大人们的谈话除非事情紧急。大人谈完话后会注意到你并回答你的问题。

4. If you do need to get somebody's attention right away, the phrase "excuse me" is the most polite way for you to enter the conversation.

   如果你有急事必须马上和大人讲，用礼貌短语"打扰了"来加入谈话。

5. When you have any doubt doing something, ask permission first. It can save you from many hours of grief later.

   如果你不能肯定是否可以做某件事，要先询问。这样可以避免严重后果。

171

6. The world is not interested in what you dislike. Keep negative opinions to yourself, or between you and your friends, and out of earshot of adults.

这个世界对你不喜欢的事情不感兴趣。所以将那些消极想法留给自己或者和朋友们抱怨一下，不用说给大人们听。

7. Don't comment on other people's physical characteristics unless, of course, it's to compliment them, which is always welcome.

别去评判他人的外表，除非你说的是好话，良言美语总是受欢迎的。

8. When people ask you how you are, tell them and then ask them how they are.

当别人问候你时，回答他们之余也要向他们问好。

9. When you have spent time at your friend's house, remember to thank his or her parents for having you over and for the good time you had.

当你到朋友家玩时，记得要向朋友的父母说声"谢谢"，谢谢他们准许你来玩以及你在他们家度过的好时光。

10. Knock on closed doors — and wait to see if there's a response — before entering.

进屋之前请敲门，得到允许后再进去。

11. When you make a phone call, introduce yourself first and then ask if you can speak with the person you are calling.

当你给人打电话时，先介绍自己，然后再问能否与你想要找的人谈话。

12. Be appreciative and say "thank you" for any gift you receive. In the age of e-mail, a handwritten thank-you note can have a powerful effect.

收到任何礼物都要有感恩的态度并说"谢谢"。在如今电子邮件盛行的年代，一张手写的"感谢卡"弥足珍贵。

13. Never use foul language in front of adults. Grown-ups already know all those words, and they find them boring and unpleasant.

绝对不能在大人面前说脏话。大人们早已知道这些脏话并觉得它们无聊又粗鄙。

14. Don't call people mean names.

不要给他人起外号。

15. Do not make fun of anyone for any reason. Teasing shows others you are weak, and ganging up on someone else is cruel.

不要以任何理由取笑任何人。取笑别人说明你内心虚弱，而合伙欺负人是很残忍的事情。

16. Even if a play or an assembly is boring, sit through it quietly and pretend that you are interested. The performers and presenters are doing their best.

即使一个表演或演讲很没意思，你仍然要安静地坐着，装出很感兴趣的样子。因为表演者和演讲者他们都在尽力而为。

17. If you bump into somebody, immediately say "excuse me".

如果不小心碰到别人，立即说"对不起"。

18. Cover your mouth when you cough or sneeze, and don't pick your nose in public.

咳嗽或打喷嚏时，请捂住嘴，不要在公众场所挖鼻孔。

19. As you walk through a door, look to see if you can hold it open for someone else.

当走过一道门时，要回头看一下后面是否有人需要你扶门。

20. If you come across a parent, a teacher, or a neighbor working on something, ask if you can help. If they say "yes", do so — you may learn something new.

当你经过正在忙着的父母、老师或邻居身边时，问问他们是否需要你帮忙。如果他们说"需要"，那就上去帮忙——你也许因此就学会了些新东西。

21. When an adult asks you for a favor, do it without grumbling and with a smile.

当大人请你帮忙时，毫无怨言地面带微笑地去做。

22. When someone helps you, say "thank you". That person will likely want to help you again. This is especially true with teachers!

当别人帮了你，说"谢谢"。帮助你的人下一次还会愿意帮你。老师们尤其如此！

23. Use eating utensils properly. If you are unsure how to do so, ask your parents to teach you or watch what adults do.

正确地使用各种餐具。如果你不太肯定，让爸妈教你或者观察大人们是怎么做的。

24. Keep a napkin on you lap; use it to wipe your mouth when necessary.

进餐时，要将餐巾铺在大腿上，需要时用它来擦嘴。

25. Don't reach for things at the table; ask to have them passed.

用餐时，不要伸出手去够桌上的东西，要请旁边的人传给你。

第七篇

育儿故事

父母相爱，是给孩子最好的爱的教育，他会知道和睦的家庭是什么样的，知道怎么去爱人，有矛盾了怎么沟通。父母如果能去提升自己和配偶的沟通技巧，增进彼此的感情，给孩子一个温馨的家庭氛围，那么给孩子带来的积极影响是长远和巨大的。幸福家庭出来的孩子通常都比较阳光和快乐，这样的孩子不让他好好学习都不行。

爸爸，你爱妈妈吗，你爱我吗

朋友的儿子九岁，有一天在饭桌上突然问爸爸："爸爸，你爱妈妈吗？你爱我吗？"

爸爸被问得愣住了，妈妈也很吃惊地看着儿子。停了片刻，爸爸回过神来对儿子说："我当然爱你，也爱妈妈，你为什么会这么问呢？"

儿子回答说："凯文的爸爸每天都会跟他讲：'儿子，我爱你！'还会拥抱他。出门、进门的时候，他爸爸都会亲吻凯文的妈妈，对她说：'我爱你，亲爱的。'可你从来都没有对我和妈妈这么说过、做过。"

爸爸向儿子解释道："人们表达感情的方式不一样，我们中国人不会像美国人那样把爱挂在嘴上，但是会放在心里，用行动表达出来。"

儿子继续问："那你用什么行动表达你爱我们呢？"

爸爸想了想说："比如我会把挣的钱全都交给妈妈花，家里的重活也是爸爸干，爸爸还会陪你去练球，带你去参加足球比赛，带你去游乐场玩，你生病了爸爸带你去医院，这些都是爸爸爱你还有爱妈妈的表现。"

儿子还是不能接受这个说法，反驳说："凯文的爸爸也陪他打球，也带他到游乐场去玩，但是他还会每天都对凯文说我爱你！如果你不说，谁知道你是不是在爱呢？"

儿子的问题让妈妈也兴趣盎然起来，和儿子一起盯着老公，看他怎么回答。

爸爸在妻子、儿子的炯炯目光下有点词穷了，只好重复说："我们和美国人的表达方式不一样，不说不等于不爱。儿子你要学会感受，从爸爸的行动中去感受，挂在嘴上的爱多肤浅！"

可儿子并没有被说服，闷闷不乐地离开了饭桌。

那天晚上上床之后，夫妻俩又谈起了晚饭时的话题。妈妈说："老外特别注重感情的外在表达形式，这里的文化就是如此，他们的孩子从小耳濡目染，男孩子自然而然地就跟爸爸学会了怎么向女人表达感情。而我们儿子学会的是把爱藏在心里，那他以后交女朋友时，人家会不会觉得他冷淡木讷，没有情趣，不懂表达感情呢？"

爸爸若有所思。妈妈进一步建议他学老外爸爸那样，每天都把心里的爱拿出来对孩子和老婆"表达表达"。

第二天一大早，爸爸要上班去了，老婆拉着儿子送他到门口，两个人眼巴巴地望着他。

爸爸一刹那的踌躇之后，伸出手拥抱住儿子，用英语说了一句："我爱你。"然后又笨拙地搂住老婆，还是用英语说了一句："亲爱的，我爱你。"老脸暗自涨红了，看也不看他们娘俩一眼，转身打开门就往外奔去。儿子冲着他的背影大声喊道："还没完呢，爸爸，你还要亲吻妈妈呢！"

爸爸充耳不闻，头也不回地跳上车绝尘而去。

而妈妈站在门口，双手在两只胳膊上使劲蹭了几下，抖掉一身的鸡皮疙瘩，心想，老外这种表达形式对于东方人来说，不光是做的人别扭，接受的人也得要适应一阵儿才行。当着孩子的面亲吻，别说他老爸做不出来，他即使行，妈妈只怕也要败下阵来。

随后的日子，在儿子的殷切关注下，爸爸每天都要跟老婆、孩子"表达"一番，渐渐地，两个大人的动作表情都自然起来，老婆渐渐地也会回抱住老公，跟老公说一句："我也爱你。"

尽管没有做全，尽管他们都是用英文表达的，令他们没想到的是，他们夫妻之间的感觉，因为这个"表达"而有了悄然变化，两人本已变得十分平淡的感情，渐渐地重新燃烧起来。妈妈经常不经意间嘴角就含笑起来，对爸爸温顺有加，关心备至；而爸爸会在节日给老婆买束花回来，两个人互相看对方的眼神充满了温馨爱意。

> "爱的表达"看起来是形式，它却打开了人和人之间情感交流的门。

儿子的变化也很大，他变得快乐和开朗了很多，当父母为他做了什么时，他可以很顺溜地跟大人说："谢谢你，爸爸，我爱你。"或者："妈妈，我爱你，我永远爱你。"

"爱的表达"看起来是形式，它却打开了人和人之间情感交流的门，让心里的爱来到阳光下，更进一步引发出对方的爱，慢慢地彼此的爱互相激荡，让感情历久弥新。

错　爱

　　我小的时候，邻居家的日子都挺紧巴的，同学小莲家尤其困难，小莲有三个哥哥，家里只有她一个女孩，所以她承担了家里大部分的家务，我们一群女孩子在街上踢毽子、跳皮筋的时候，小莲总是在家里洗衣服、收拾屋子、做饭、刷碗……

　　小莲妈妈在针织厂工作，经常拿回家很多针织衣服的边角余料，让她给拆成线团。这种线团可以用来清洁机器，拿回厂子能挣一点手工费。我们附近的小孩经常坐在她家"嘻嘻哈哈"地说着笑着一起拆线团，对于我们那是新鲜好玩的游戏，可对于小莲来说那都是干也干不完的活计。

　　记得冬天时，小莲两只手的手背青紫，上面布满一道道裂开的口子。即使那样，她还是要洗衣、做饭、拆线团。

　　小莲中学毕业后接她妈妈的班进针织厂当了一名女工。后来她们厂子效益不好，而她老公开出租车收入颇丰，因此她有了女儿之后就办理内退回家专心养孩子了。小莲全身心都放在孩子身上，无微不至地照顾着女儿，不仅家里的活不用孩子帮忙，就是孩子自己的事也都是小莲一手操持。孩子长到八九岁了，早晨起来还要妈妈给穿衣服，妈妈给洗脸，妈妈把牙膏挤好。女儿的衣服小莲一直都用手洗，不放在洗衣机里和大人的衣服一起洗。女儿看她用手搓衣服，就说："我也要洗，我洗我自己的衣服。"小莲回答："你洗什么，你能洗干净吗？玩水还差不多。一边学习去，只要你学习好了，考上大学，妈妈帮你洗一辈子衣服都行。"

小莲在厨房做饭，女儿跑进来说："妈妈你在切土豆丝啊，怎么能切得这么细呢？让我来试试。"小莲一把把孩子推出了厨房说："好好学习去，学什么切菜，切了手咋办？"女儿说："妈妈你让我试试呗，看你切得又快又好。""这有什么好学的？你把功课学好了就行了。"

小莲很羡慕我考上了大学，常跟我说："我小时候整天干活，没时间学习，没有机会像你一样上大学。我现在绝不让自己的孩子再遭我的罪了。我在家什么也不用女儿干，她只要好好学习就行了。"

小莲的孩子都上高中了，还不会自己洗头，要小莲帮她洗，临出门时，小莲还会像小时候那样，蹲下身把鞋给孩子拿来，然后帮她把鞋带系好。

朋友、邻居们常常讲小莲的女儿真有福气，被妈妈捧在手心里宠着娇惯着。

小莲的女儿很给小莲争气，她聪明懂事，听妈妈的话，时间精力都花在学习上，过年过节都不休息，也不交朋友，也不去参加任何课外的活动。考上了重点初中、重点高中，在学校里学习成绩一直都是名列前茅。老师们都对她寄予极大的希望，认为她没有什么悬念地可以上北大清华。

谁知在高考期间，她中暑了，有一科考得严重失常，总分仅仅刚过一本的录取线。

能上一本的学校，对于很多孩子来说是可喜可贺的事情，但是对于小莲女儿，这是完全无法接受的结果。她承受不住这个打击，精神上出现了严重的问题，几次试图自杀。

孩子被送进医院住院治疗。不犯病的时候她会跟医生好好沟通，她说："我和同学在一起时，就是个废物，什么也不懂，什么都不会。唯一让我觉得自己有点价值的事就是学习还行，没想到关键时候连这个长处都没有了，我觉得自己活着实在没有什么意义，也没有什么价值了。"

医生说："你妈妈那么爱你，你看她什么都为你做，你要为妈妈想想，你死了她会多么伤心难过。"

女儿说："我觉得我应该很爱妈妈，可是不知道为什么，我现在看到她为我铺床倒水伺候我，心里就会很烦闷、很压抑，喘不过气来，又因为这个感觉而内疚。有时我觉得我妈妈做这一切其实并不是为了我。"

医生问："不是为了你是为了谁？"

"我也说不好，为她自己吧？"

后来心理医生介入治疗，在深入和孩子交流之后，他找小莲郑重其事地谈了几次话。

包办孩子的一切，实际上剥夺了孩子自我成长的机会，剥夺了她亲手独立完成一件事情的成就感和喜悦，压抑了孩子独立自主的意愿。

医生认为孩子经受不了高考失利的挫折打击，很大的原因是家庭对她太溺爱了。小莲因为自己儿时干活受累的痛苦经历而矫枉过正，包办孩子的一切，实际上剥夺了女儿自我成长的机会，剥夺了她亲手独立完成一件事情的成就感和喜悦，压抑了孩子独立自主的意愿，所以孩子内心充满了愤怒的情绪，也充满了自卑和自我否定，唯一能带来自我肯定的就是学习成绩，等到失去了这个救命稻草，她就崩溃了。医生还说，从本质上讲，小莲对女儿无微不至的照顾，是对自己儿时缺乏关爱的一种补偿，并不是女儿的真正需要。

从本质上讲，小莲对女儿无微不至的照顾，是对自己儿时缺乏关爱的一种补偿，并不是女儿的真正需要。

小莲听了医生的说法很受打击，也接受不了，她怎么也不相信自己那么爱孩子，竭尽全力地照顾孩子，最后却都成了害孩子了？但她为了孩子，还是按照医生的嘱咐，对女儿的事情慢慢放手，一点一点让女儿学着照顾自己，从铺床、系鞋带、订中午饭等开始学习自己做事，自己做决定，然后进一步让孩子到外面去锻炼购物、打车、修理东西等办事能力。经过一年多的治疗，孩子恢复了大半，重新复习参加高考，考上了一本的大学，她选择了心理学专业，她说希望能够通过专业学习治愈自己。

父母自己童年时的遭遇，会形成心理创伤，在养育孩子时则以各种方式显露出来。我们要随时警醒，意识到我们对待孩子的方式以及对孩子的各种恐惧和担忧，无不是自己内在创伤的投射和显现。去学习、治愈自己，才有能力给孩子一个自然的、幸福的童年。

父母童年时的遭遇，会形成心理创伤，在养育孩子时则以各种方式显露出来。我们要随时警醒。治愈自己，才有能力给孩子一个自然的、幸福的童年。

恼人的笑声

女儿凯丽喜欢玩《我的世界》(*Minecraft*)游戏，她玩的时候不是自己一个人在那儿盖房子，而是和其他人一起盖，一边盖一边聊天，好像还有分工合作。她本来打字速度一般般，玩了这个游戏后打字速度突飞猛进，偶尔从她后面走过去，看到电脑屏幕上聊天的字幕飞速上移，看那情形打慢了大概就插不上话了。

有段时间，她一边玩一边"嘎嘎嘎"地笑，一会儿小声笑几声，一会儿又大声"嘎嘎嘎"地笑几声，非常刺耳的声音，我在旁边屋里听了就觉着很烦躁，心里头"噌噌噌"地冒火，压也压不住，只想着立即跳过去喝止她，大声斥问她："有什么好笑的？"

很多父母打骂孩子的时候，都会找出非常"正当"的理由，用"我这么做是为你好""是因为你犯了错""子不教父之过"等冠冕堂皇的说法来掩饰打孩子只是转移自己负面情绪的真相。

可现在我遇到的这事儿，实在是找也找不出什么正当的理由来。孩子笑碍着我什么了？我是她妈，她笑、她快乐我应该高兴才对呀！我为这个骂她实在是有点变态啊！可我就是想跳起来骂她，至于理由大概就得从玩游戏上找

> 很多父母打骂孩子的时候，都会找出非常"正当"的理由来掩饰打孩子只是转移自己负面情绪的真相。

了。"你就知道玩游戏，都上高中了还不好好学习，以后上大学怎么办？"现成的话已经在脑子里像子弹一样集结好了，准备瞄准孩子发射过去。

仅存的一点理智让我心里有丝清明，这很可能是自己的问题。压下心里的烦躁和想去骂她的冲动，我想先求证一下我这么反应到底是否正常。

仔细分析，我的反感是来自她玩游戏吗？

不是，她光玩游戏不发出笑声并不会干扰到我。

那么是不是凯丽的笑声比较特别，有让人烦躁的魔力呢？

我就去找老公："你听没听到凯丽玩游戏的时候在大声笑？"老公回答说："听到了啊，她那个游戏玩得可真开心。"

"你没觉得她的笑声挺刺耳的？"

"没有啊！怎么会，听着她是真高兴，有什么好刺耳的？"

老公对此的解读完全是正面的、积极的，由此确定我的不良反应确实是我自己的问题。

因为一直在学一些心理学的知识，一直在尝试自我修行，所以我大约明了，这件事应该是我自己内在的某个伤口被凯丽的笑声给碰触到了，所以引起了我强烈的情绪波动。

坐在那儿回想，我为什么要烦躁？为什么会受不了她的笑声？当凯丽又开始笑的时候，我根本回想不下去，只想着跳过去骂她。我站起身走到室外，把她的笑声隔绝掉，站在阳光下，心头依然是郁结难耐。

等到她上学去了，我一个人在家里时，我坐在那儿将身心放空，静静地冥思，到底是什么原因让我受不了孩子的笑声？

我的眼前浮现出了一个画面：母亲年轻的脸上都是愤怒和恼恨，朝着我骂道："笑什么笑！你乐得不轻啊你！家里这个样子你高兴是吧？"

小时候我家的亲戚关系十分复杂，各路亲戚走马灯一样从农村来到我家寻求帮助，他们觉得城里日子总是比农村日子好过些。母亲说不出不帮的话，借钱也得帮忙，自己家的日子因此过得非常紧巴，父母常常为此争吵。记得小时候母亲总是沉着脸，难得见她开心的样子。我打小是个外向的性格，高兴了就大声欢笑，所以常惹得沉浸在恼怒情绪中的母亲更加恼火。我想我得到的训斥一定不是一两次，最终使得我学会了不能自顾自地在家里大声笑，学会了察言观色，只有在大人高兴的时候自己才能跟着高兴。

> 大人如果压抑孩子的任何情绪，都会在孩子心灵上留下创伤，这些创伤会在孩子的成年岁月中以某种形式表现出来，如果这个创伤不被修复，就会像魔咒一样，一代一代地把制造创伤的行为模式传下去。

当我回想到这些的时候，眼泪止不住地流了下来，深深体会到童年时家庭生活的艰难和不易，也体会到大人如果压抑孩子的任何情绪，都会在孩子心灵上留下创伤，这些创伤会在孩子的成年岁月中以某种形式表现出来，如果这个创伤不被修复，就会像魔咒一样，一代一代地把制造创伤的行为模式传下去。

我想起姥姥年轻时生活更加不容易，我妈妈小时候是否也不能大声欢笑？也因此挨过她自己母亲的骂呢？现在已无从得知，但是很明显，我现在不由自主地想把这个魔咒传递到女儿凯丽身上。

心上的伤口和身体上的伤口是一样的，意识到了就等于把伤口晾了出来，就可以去修复它，不过痊愈需要时间。我明白了前因后果，并没有立即摆脱掉凯丽笑声对我的影响，听到后依然会烦躁，但是我能够控制住自己了，能够当下面对自己的情绪，告诉自己这只是妈妈给我植入的不能大声笑的后遗症，我现在允许孩子笑，允许孩子有自己的情绪，想笑就笑。有时实在压不下去那股子烦躁，我就走过去问她，你在笑什么？告诉妈妈让我跟你一起乐一乐。

一段时间之后，她的笑声终于影响不到我的情绪了，我和凯丽之间的关系也更平和了。

在养育孩子的过程中，孩子常常会把父母儿时受过的心灵创伤给激发出来，这个时候如果能按下自己的情绪，在说教孩子并试图矫正孩子之前，先静下心来探查自己的内在，看看能否发现自己如此反应的真正原因，是最好的自我修复和成长的机会。

著名催眠治疗大师斯蒂芬·吉利根曾说：大自然是很有耐心的，你所有不愿意疗愈的，都会传给你的孩子。如果你不愿意孩子受你同样的苦，最好疗愈自己、让自己成长。

我们看到的孩子身上的问题，忍受不了的孩子的某些行为，往往是我们把自己内在的伤口或者把对自己的不满投射到了孩子身上，所以根本症结不在孩子身上，而是在我们自己身上。教育的核心是父母的自我修行，是父母的自醒过程。孩子是来帮助我们完善自我、修复心灵创伤的，我们要抓住这个机会让自己成长，而不是继续把创伤加注到孩子的身上。

如果能把阻碍自己快乐幸福的魔咒在我们这一代给阻断，那将是我们对自己、对孩子做得最美好的事情。

无心插柳柳成荫

朋友晓光小时候父母的收入低，家里孩子多，祖父母在乡下也需要接济，所以她家的生活捉襟见肘，她那时常穿着补丁裤子上学。她的同桌小慧家庭条件优越，母亲会拉小提琴、手风琴，闲时让小慧学着拉。放学后晓光常常到小慧家玩，看小慧摆弄乐器心里非常羡慕，她渴望着自己也能有机会学一种乐器而终不可得。

长大后晓光留学美国，结婚后有了女儿兰兰，她暗下决心要把自己从小所欠缺的都给女儿补上。除了给兰兰买各种漂亮的衣服之外，晓光在孩子五岁的时候买来了一台崭新的大钢琴，请来老师教兰兰弹钢琴。看到小小的女儿穿着漂亮的裙子端正地坐在琴凳上，一下一下弹出美妙的音符，晓光如闻天籁一般，心里的幸福满溢而出。老师上过几次课以后说兰兰很有天赋，更是让晓光欣喜万分。

可随着课程难度的加大，每天一个小时的练琴时间成为她们母女俩的噩梦，天天鸡飞狗跳，鬼哭狼嚎……

晓光天资聪颖，从小到大在学习上一直出类拔萃。尤其是数学，一学就会，因此她并不觉得数学需要格外下功夫去学，所以女儿上学后她不像其他中国父母那样给孩子额外的数学作业做，或者送孩子去数学辅导班学习，她每天只是盯着女儿练琴。可兰兰却喜欢做数学题，觉得解题特别有成就感，一道题解出来就永远会解，不像练琴反复练还是达不到要求，即使这次达到要求了，下一次又有可能弹错了。所以孩子每每在做完作业后都跟妈妈要求再做些难一点的数学题，晓光总是说："会了就行了，做那么多题就是耽误时间，赶紧练琴去！"兰兰就讨价还价说："妈妈你让我再做三道难题，解出来了就去弹琴。"

孩子把解数学题当成了弹琴的条件。

兰兰在六年级时，偶尔在练琴间隙，自己随心所欲地乱弹一番，晓光偷偷地给录了下来放给钢琴老师听，老师认为兰兰这方面的天赋惊人，建议送她去上作曲课，进一步挖掘她的音乐天分。于是兰兰除了弹琴考级之外，又学上了作曲。她的练琴时间也由一个小时增加到两个小时以上。晓光对孩子在钢琴上的期盼也越来越大，加大了考级的力度，还不断地让孩子出去参加比赛。可是兰兰却对弹琴越来越抵触，有一天，因为一首曲子反复练不好，在晓光的训斥声中，兰兰两手使劲砸向钢琴，大声哭喊道："我恨钢琴！我为什么要学琴？我再也不要弹琴了！"

从那时起，兰兰真的就不再碰钢琴了。无论晓光怎么软硬兼施，一提弹琴她就把两只手交叉夹在腋下，逼急了就说要把手指头割破。晓光气得把自己关在卧室里大哭不止，气女儿的不知好歹，不仅辜负自己的天分，也辜负父母提供的这么好的条件。晓光有好长一段时间都不搭理女儿，女儿的事情她不闻不问。那段时间兰兰在家里看见妈妈就躲回自己屋里，吃饭时低头快吃，吃完了就走。除了不肯弹琴，她学校的事情自己处理的好好的，什么麻烦都没有。

一天，校长打电话约晓光到学校面谈。晓光忐忑地来到学校，校长说兰兰在学校一直是个很安静、有礼貌、守纪律的学生，但是今年老师却发现她在数学课上不听老师讲课，也不举手发言，低着头写写画画。后来老师发现她在课堂上做美国中学数学竞赛题，数学老师说那些题很多她都解不出来。兰兰的数学程度已经远远超过小学生的标准。经过测试学校决定让她先跟着高中一年级上数学课，然后再根据她的进度进行调整。学校每天会派校车接送她去高中上课，同时推荐她报名参加全美初中数学竞赛。

兰兰首次参加全美数学竞赛，取得了参赛学生前百分之一的好成绩，获得了杰出荣誉证书，因为她是六年级的学生，所以还得了一个专门发给六年级以下学生的奖状。兰兰是当地第一个在这个竞赛中得奖的小学生，当地的电台报纸都来采访，轰动一时。

从此，兰兰就和数学竞赛结缘了。

美国初中学生还有个参赛面更广的数学竞赛叫"Mathcounts"，先从校内比，然后在地区、州进行比赛，最后根据成绩参加全国的竞赛。竞赛方式有个人、团体、笔试、抢答等形式，非常激烈、精彩，半决赛、决赛往往由当地电视台现场直播，受关注程度非常高，各个学校都设有专门老师辅导数学成绩优异的学生准备比赛。

兰兰理所当然地成为他们学校数学竞赛团队的核心队员，带领队友赢了一场又一场比赛，从地区赛到州又参加全国竞赛，家里的奖状、奖杯摆满了一个柜子。她后来参加高中生的全国数学竞赛也取得了顶尖百分之一的成绩，还参加了全美数学夏令营和奥林匹克数学竞赛集训。因为她在数学竞赛方面取得的优异成绩，几个著名大学都以全额奖学金录取了她。

曾有记者采访问起她为什么可以超前学习数学，能够在竞赛中取得好成绩，兰兰回答说："我就是喜欢数学，喜欢做题。小时候业余时间主要在学琴和练琴中度过，做数学题是我最快乐的时光。每当我做题时，就觉得自己进入了只属于自己的世界里，那是个非常自由、非常安静、非常美丽的世界。我常想一个没有题可解的世界会是多么乏味和单调！每当我看到还有那么多的数学题可以去做，就觉得兴奋，就觉得幸福。"

晓光跟着兰兰参加了多次数学竞赛之后，意识到兰兰的数学天赋极高。她开始反思在孩子小时候不应该逼她练琴，而应该去抓她的数学，如果把练琴的时间拿来学数学，兰兰的成绩一定会更好，会走得更远。

可兰兰爸爸不同意这个观点，他说："你这就叫'有心栽花花不活，无心插柳柳成荫'，如果你一直逼孩子学数学，孩子可能就会厌倦数学，而喜欢弹琴了，

> 父母的意志如果被运用过了头就会成为孩子的阻力，孩子有内在的热情和动力才是成才的关键所在。

也可能孩子现在就成了一个钢琴家或者作曲家了。还有种可能，你若不逼她那么狠，她也许就跟爱因斯坦一样，一方面在科学上钻研，一方面也能享受音乐，不会对钢琴碰也不肯碰一下了。"

兰兰的故事说明，父母的意志如果被运用过了头就会成为孩子的阻力，孩子有内在的热情和动力才是成才的关键所在。

当孩子出现自杀念头时

一个女孩考上了全国闻名的一个重点高中，报到后她办妥了所有的手续，找到了宿舍，发现她是最晚的一个，其他人都已经住进去了，她别无选择地在唯一的一张空床上安顿下来。

第一次离开家住校，那天晚上她睡得很不安稳，隐隐约约听见有叹气声，压抑的啜泣声，似梦非梦，好像就在她的上方传来的。

第二天上课，各科都进行摸底测验，在初中一直是尖子生的她，第一次全面崩溃了，没有一科的考卷能够有把握地全部答上来。

她心中万分惶恐，回到寝室想和同学聊聊，发现每个同学都在用功中，有的同学在墙上贴上了各种励志名言；有的同学把解不开的数理题写在饭盒盖上，一边吃饭一边思考；有的同学耳朵里一直塞着耳塞……每个人的脸都紧绷着，寝室里的气氛紧张压抑，没有人开口说话。

同学中有数学物理竞赛大奖的得主，有人参加过国外的夏令营，无论哪一科都有已取得傲人成绩的学霸让人仰视，同时让人陷入深深的自卑。她那曾经被老师同学夸奖欣赏的智商，在这里只是平平而已，她曾经那么自傲的勤奋努力，在这里成了小儿科。

每天晚上关灯后，耳边仍不时传来"咔嗒""咔嗒"的声音，那是有人睡前在反复听英语录音带，让她苦学一天发胀的脑子又胀大了好几倍，困极累极却难以入睡。睡着之后也不安稳，似梦似幻的叹气声就在耳边回荡。

各科摸底考试成绩下来了，她数学得了平生第一次的最低分数：六十三分。其他各科也都在七八十分左右，让她难堪羞愤得无地自容，恨不能立即从教室里消失。

她放学后没魂一样往寝室走，发现几个邻班的女生站在她的寝室前面指指画画说着什么，她走过去，听到她们在谈论自杀啊、惨啊什么的，不由自主地站住了，默默地听她们聊天。原来就在上学期，学校里有个女生自杀了，之前就住在这个屋子里，她顿生不祥之感，插进去问是哪张床，几个女生指给她看，她眼前一黑，果然是自己睡的那一张！

当时事情发生后，同寝室的人倍受刺激，谁都不肯再住在这里，所以学校将她们集体换了屋子，把这间寝室分给了新生。寝室里的其他人似乎都知道这件事，所以谁也没有选择自杀女孩睡过的那张床。

当天晚上，她更是睡不着了，想起自杀的女孩子，是不是和自己经历了同样的过程，从自信满满到现在的自卑无望？想起梦中的叹气声，不由得毛骨悚然。

睡不好觉，白天都是昏昏沉沉的，上课的效率自然低下，晚上，躺在床上，不由自主地就又想起了几个月前还睡在这张床上的女孩。

周末回到家，她把床位的事还有睡不好觉的事说给妈妈听。周一妈妈陪她一起回到了学校，找到相关老师询问是否可以换一个地方住。老师为难地说，我们学校是多少人削尖了脑袋要进来，学校已经在超负荷运转了，所有的寝室都是满满的，哪里还会有空床位可以调换？老师跟她妈妈说家长应该配合学校工作，做好孩子的思想工作，不能跟着一起迷信。

她睡眠更差了，半夜常常惊醒，有时候梦中听到叹气声，自己悲从中来，也跟着流下泪水，醒来，脸上濡湿一片。

课余时间，她不由自主地去向同学和老师打听那个女孩的一切，从哪里来，成绩如何，性格怎样……原来那个女孩的成绩一直非常好，在这个高手如云的学校，高一期末她的总分数是全年级第一名。上了高二之后，期中考试她依然是第一，可是到了高二的期末考试，她的成绩下滑到了第五名。她承受不了了，选择了离开。

他们学校，每年进清华北大几十人，即使是第五名，女孩的成绩也可以让她在中国的最好学校的最好专业里任意挑选。

晚上，她躺在床上，满脑子都是那个女孩，她的超出常人的勤奋，她的傲人的成绩，她的贫困家庭，她的心理路程……她轻轻地叹口气想，其实，女孩的举动，真的是可以理解的，死了真的是解脱了，活着，真的太痛苦了。

她越来越沉默，觉得自己像行尸走肉一样。半夜，仿佛看到那个女生就站在自己的床前，叹着气，轻轻地抚慰着她……

周末回家，她不再跟妈妈讲学校的事情，妈妈问她话，她就摇头点头地回应，不愿意多谈。妈妈做了她最喜欢吃的饭菜，她也没有什么胃口。妈妈有点担心地看着她，她回避着妈妈的眼神，木然地回到自己屋里关上门。

周一早晨返校，妈妈送她到汽车站，车来的时候她突然冒出一句话来："其实我挺理解原来睡我床的那个女孩的，她是彻底解脱了。"说完她没有看妈妈一眼，低头上了公共汽车。

妈妈被孩子轻飘飘的语气中透露出的绝望震骇住了。她立即给丈夫打电话，告诉他孩子的精神状态有点不大对头，也讲了孩子睡在一个自杀的女孩床上的事情。那段时间，爸爸正在外地监管一个工程项目，每个月只能回家一次，所以他并不清楚女儿这两周的情绪变化。

爸爸是个有学识的人，对心理学方面的知识有所涉猎，听了孩子妈妈的描述，立即意识到问题的严重性，他叮嘱老婆立即到学校去找老师反映这个情况，最好能让老师安排班上同学今天跟住女儿，不让孩子有机会落单或者离校。他又叮嘱老婆到孩子的寝室外面等着，如果看到女儿一个人回寝室了，立即现身出来陪着孩子。他自己即刻订了一张最早的机票，当天返回了他们家所在的城市。

女孩下午上完最后一课，低着头走出教室，听到走廊里有人喊她的名字，她抬头一看，竟是好久未回家的爸爸站在那儿看着她。

爸爸领她到外面的餐馆吃饭，和她聊很多工地上的有趣的故事，聊他自己上大学时的经历，讲了很多他和同学发生的囧事，本来面目抑郁的她，被爸爸逗得不时露出几丝微笑来。

吃完饭，爸爸送她回到寝室，从包里拿出了两卷东西，她慢慢地展开，看到一张是中国地图，一张是世界地图。

爸爸对她说："孩子，爸爸知道你现在的学习压力很大，你看看这张中国地图，我们这个城市虽然是全国首屈一指的大城市，但是和整个国家比，就是一个小圆圈。

> 你所生活的城市即便是全国首屈一指的大城市，但是和整个国家比，就是一个小圆圈。
>
> 看看外面的世界有多么广大：有多少种不同的人，不同的人生，不同的生活方式，有多少美丽景色，多少大自然的奇迹。

你再看看这张世界地图，中国很大，但是在全世界范围内，是一个连小孩巴掌都不到的地方。我们这个城市，在世界地图上，只是一个小点点而已。你们学校在我们这个城市里，也就是一个点，放在世界上，用放大镜都找不到。孩子，你要把眼睛从小点点上移开，抬起头来，看看外面的世界有多么广大：有多少种不同的人，不同的人生，不同的生活方式，有多少美丽景色，多少大自然的奇迹。"

"考大学只是我们国家升学的一种形式而已，你能考到什么程度，考进什么学校和你的未来没有多大关系，和你个人的价值更没有关系。无论你考上最好的大学还是二本三本的大学，你的未来都充满了机会，你都可以去看看外面的世界。"

"孩子，你的未来不是这几年高中决定的，也不是高考可以决定的。你的未来，可以有很多种活法，你会有大好的青春年华，会遇到你爱的人，会结婚，会有自己的孩子，你的未来有无限的可能性，你将来可以做很多有意义、有意思的事情。"

听着爸爸的话，她的眼泪"唰唰唰"地流了下来，爸爸上前搂住她，轻轻地抚着她的后背，她在爸爸的怀里无声地啜泣，一直哭到再也流不出泪来为止。

孩子的未来不是几年高中决定的，也不是高考可以决定的。

哭完之后，她觉得心里轻松了很多，仿佛一段时间的紧张和压抑都跟着泪水流了出来。爸爸帮她擦干净了眼泪，又说道："我听说你们学校每年都有学生因压力太大自杀，刚才我在教室外面，看到大多数学生都面色暗黄，身体都不是很健壮的样子。人的身体不好，精神状态就难以振奋，你能不能想出什么办法来，带动大家参加一些体育锻炼，磨刀不误砍柴工，身体好了，学习起来更有精力。"

她深思起来。抬起头，眼睛亮晶晶的问道："爸爸，你的意思是不是我现在就可以去尝试做一些有意义的事情？"

爸爸赞赏地点点头。

随后，爸爸让她找来摁钉，将两张地图钉在她床边的墙上。

送爸爸出门，爸爸收起笑容抚着她的头发静静地看着她，她从爸爸眼里读懂了爸爸的意思，郑重地点头说："爸，你放心，你的话我都记住了，我不会做傻事的。你明天就回去工作吧，不用为我担心了。"

那天晚上，她第一次躺下就睡着了，一夜无梦。

以后，每天晚上躺在床上，她都要看看那两张地图，尤其是世界地图，看看每个国家的名字、形状特点，想入非非一番。后来她买来了一本世界各国风俗大全，对照着地图，每天晚上看一个国家，然后酣然入睡。

她在学校发起建立了一个"晨练俱乐部"，动员组织同学们每天早起半小时跑步锻炼身体；她还建立了一个帮助困难同学的俱乐部，发起了"每天省下一元钱"活动，将同学们的捐助用来给贫困同学买饭票和学习资料。

这些活动虽然占用了她不少时间，但是她的成绩却由最开始的下游逐渐上升到了班里的前十名，然后进入了前三名。毕业时，被全校师生一致选为优秀毕业生代表。她也如愿考入了那所人人向往的大学。

她并没有因此欣喜若狂，因为她早已知道，这个世界很大，高中、大学都只是人生的一个阶段而已，无论在哪儿，她都可以做很多有意思、有意义的事情，她的未来有无限的可能性。

儿子不想上大学以后

一个孩子如果高考失利，不想上大学了，父母会怎么做呢？大多数人是不是会劝说孩子复读，再试一次？

我的大学同学胡子，陪着儿子走了另外一条路。

胡子的儿子高中时就读于大名如雷贯耳的北京一所重点高中，他是足球特长生，考大学时只需达到二本线的65%，就可以上北京的一本大学。学校要求体育特长生填写保底志愿"北体大"，也就是说，假如分数没有达到二本的65%，他们也可以上"北体大"。但是胡子的儿子坚决不以特长生的身份报名，不报保底志愿。他说："我要是能考过二本线，我就上大学，要是考不过，我就不上了。"

高考分数出来了，他没到二本线，但比特长生的录取线高了几十分。最后的结果是：全班只有他一人落榜了。

胡子出身书香世家，他虽然希望儿子也能接受高等教育，但是他更尊重儿子自己的意愿，看到儿子不想复读、不想再考大学了，他对儿子说："童话大王郑渊洁家里三代无大学生，儿子上小学、中学都是他自己在家里教的，三代都活得好着呢。咱们家，自从中国有了大学，祖辈们代代上大学，代代有学者，到你这儿也该叛逆一下了，给祖宗们报个另类平安，告诉他们，咱不上大学照样行。"

他跟儿子提了两个要求："第一，别人在学校里读书，你在社会上读书。别人读学校的课本，你读你喜欢读的一切。第二，当别人拿着学位证书找工作时，你要拿出你的创业计划书。"

儿子在高考后就开始疯狂地玩，和小学同学、中学同学一起踢球，K歌，混夜店，泡酒吧……人家兜里都稳稳地装着一个大学录取通知书，只有他变成了"社会青年"。

胡子给儿子充分的自由，儿子想怎么玩就怎么玩，他相信儿子会在玩中学习他该学的。但是儿子玩起来没时间跟他深入交流，也没有什么时间和兴趣读书。胡子考虑再三，决定在新浪开个博客，目的是"为之述观世之道，阐处世之法"。他用自己的人生经历和社会经验现身说法，教导儿子如何做人、如何对待生活中的各种问题。他用文言文写出文章，请儿子给翻译成白话文，再让儿子给予点评。告诉儿子，每翻译一篇文章就挣三百元，点评一篇无论字数多少也是三百元，自己写读书心得，无论是什么书的读书心得，起价是三百元，超过千字价格根据内容再议。想要零花钱，得用读书心得来换，上不封顶、下不保底。

胡子用这个办法促使儿子读书，促使他来了解父亲的世界观和方法论，也深入思考父亲的结论。他觉得既然父子俩现在没时间坐下来交流，那么就经由文字进行思想和心灵上的沟通。那胡子为什么要写文言文还让儿子翻译呢？他是想让儿子多读国学经典，那不都是用古文写的嘛，儿子高中语文学的那点古文根本不够用的，所以他想用这个办法让儿子先过古文关。

他们的话题十分广泛：儒、释、道，宗教，读书方法，成功，雅俗，悟道，知耻，知人，继而讨论到人的面子，科学，疾病……凡是他想到的涉及思想文化和生活的方方面面，都落于笔下。

胡子告诉儿子："你的读书习惯，一定要坚持下去，一辈子都要读书。读书就是与写书的人聊天的过程，读佛家的书，就是与佛对话，读《论语》，那就是与孔子对话，读《道德经》，就是与老子对话。想一想，能与贤哲们聊天，是多么开心的事。其他的一切都由你自己决定，没什么可怕的，你的后面有老爸，老爸永远在后面支持你。"

半年之后，儿子不玩了，开始认真读书，胡子建议他从儒家入手，以《师说》《劝学》《论语》为序，以后再读其他。他建议儿子读书每有心得，就写下读书笔记，把所读之书真正化为自己的心灵滋养。

儿子读了一段时间的书之后，开始考虑立世的问题。他是真心喜欢足球，但又不想在圈里混，那么唯一的出路就是自己组建个球队。儿子很快就把想法付诸实践，和志同道合的朋友们组建了一只青少年足球队，他任队长，到著名的体育用品公司拉来了赞助。球队参加了各种比赛，成绩卓著，得到过某项大赛的北京区冠军。

老爸跟他提的第二点要求是，让他四年后拿出创业计划书，其实建立一个球队也算是创业的一种了，而他在第一年就已达成了。

在踢球之余，儿子阅读了大量书籍，写了大量的读书笔记赚取零花钱。他一直在思考一个问题，自己到底要以何立足于世，以何为生？

爸爸给他的答案是："你喜欢什么，你的能力适合什么，做什么能让你开心还有钱赚，就去做什么。天生我才必有用，注意这个'必'字，必有用。我只是建议你多读书，从未劝你早上班，只是建议你勤思考，从未让你早入流。女怕嫁错郎，男怕入错行呀！至于你想做哪行，一切由你，不急也不慌。"

儿子走入了社会之后，接触到的人和事多了起来，对于人品处事等很多现象有了困惑，回来和爸爸讨论，胡子告诉儿子：信誉、才能、财力这三者的次序，信誉第一，它是一切正当谋生手段的基础，才能和财力都可以慢慢积累。如何考察自己的信誉呢？做到言必行即可。行，可以不果，但是，要出言必行。如何考察别人的信誉呢？闻其言而观其行，只要出现言行不一，便要警惕此人。不要羡慕那些靠耍小聪明赚到小便宜的人，要尊重和接近那些以信誉立世、靠智慧和才能赚钱的人，进而让自己也变成那样的人。

儿子认同爸爸的观点，力图让自己做个有信用的人，以品德立世。他严于律己，宽以待人，公平正直，深得队友爱戴，在业内名气渐响。有一家足球俱乐部向他摇出了橄榄枝，聘请他当少儿足球教练，他决定去试试。三个月之后，他正式与公司签约。他告诉爸爸自己很喜欢这项工作，他要教孩子们踢快乐足球而不是竞争足球，让孩子们真正喜欢这项运动，享受踢足球的乐趣。

他的中学同学都还在大学里读书，他已经赚得年薪十万。这只是自立的第一步，他还在广泛涉猎，在书籍中畅游，并思索着未来的路。他在爸爸的一篇文章后面跟评，谈起了未来："我正在摸索的路上，从未停止，也从未放弃。"

胡子后来写博客不拽文言文了，改为家信的形式，原来是儿子的古文过关了，已经可以流利阅读古籍了。家信写到二十几封时，他停笔不写了。问他怎么回事，他说儿子现在有时间跟他聊天了，也愿意跟他聊天了，父子俩口头交流顺畅，所以不再需要用文字的形式了。

前些日子，胡子告诉我，他的儿子在工作中又遇到了一些新问题，他打算再为儿子写些东西，给他些借鉴。

我自从听说胡子的儿子决定不上大学，自己去混社会，就一直关注着这个孩子，看他和父亲在博客上的对话，一路走来，思想越来越成熟，人越来越沉稳，就冒出了写写他的故事的念头。

真到动笔时，我发现应该写的是胡子，如果胡子换一种方式对待儿子，那么很难说这孩子现在是什么状态，现实中看到太多父母逼迫孩子、控制孩子，"毁子不倦"的悲剧了。

任何一个孩子，在面对人生选择时，有父亲告诉他，你大胆地往前走，老爸在后面，你不用怕；告诉他，天生我材必有用，不用急、不用慌，找到适合自己的路……我相信每个孩子都能像胡子儿子那样找到自己要走的路，他不会沉迷于游戏中，也不会沉迷于夜店中，遇到挫折不会觉得活不下去，他有勇气和内在的力量面对自己的人生。

胡子对儿子的唯一要求就是多读书，他自己首先做到了，他是理科生，却有着古今中外文史哲的巨大的阅读量，读古书读到可以流利习用古文写作的程度。也因此他才能有的放矢地向儿子介绍书籍，谈读书体会。他让儿子淡于名利，以德立足于世，他自己也做到了。他是个以身作则的父亲，孩子对他的引导自然心服口服。

父母有"海阔凭鱼跃"的气度，孩子自然可以"天高任我飞"。父母的眼界实实在在地决定了孩子起飞的高度。

我从胡子父子的书信中看到的是他们精神上的交流，那么日常生活中胡子是怎么对待儿子的呢？我们另一个大学同学老邱，曾就孩子的问题和胡子在电话中交流过，从中可以略见端倪。

下面是两个人的通话：

老邱：孩子想出国留学，资格考试不理想，她想再试试。我老婆认为出国不实际，许多"海龟"找不到工作，中不中洋不洋的挺难受。我的想法是，让孩子在中国考研，再读两年然后找工作。

胡子：依孩子的想法做不好吗？为什么你们非要管理一个已经成年的女孩子，非要把你们的意志强加给她？

老邱：看着像长大了，其实啥都不懂，幼稚极了。天天出去玩儿，老跟他妈顶嘴。

胡子：你们不管她，她自然不会与你们顶撞。

老邱：不管？那她就天天睡大觉，上网玩儿，要么就是同学聚会，一耽误就又浪费一年。

胡子：浪费？睡觉，上网，与同学玩耍，就是浪费吗？天天备考，拼考分、拿文凭就不是浪费吗？

老邱：瞧你这话说的，这不是浪费时间是什么！

胡子：人活一世，也要学会浪费时间，做点休闲的、愉快的事儿。

老邱：听你说话我就来气，你跟上学时一个样，正经点儿行不？我这儿正着急呢。

胡子：哥们儿，我说的都是正经话呀。你别再约束孩子了，你要做的就是，在她还不能自立于社会之前，给她一个住处，给她一定的活动经费，她回家的时候，给她一口饭吃。告诉她，你想干什么就去试试，成了总结经验，败了吸取教训。有难处了就回家歇歇，歇足了就接着干你想干的。高兴不高兴的都跟老爸聊聊，没啥可怕的。早晚你能找到你喜欢的事儿，你喜欢的人，你喜欢的生活方式。爸这儿就是避风港，随时回来歇歇。

老邱：那，那，那就由着她？她啥都不懂，那不得吃亏？

胡子：天天占便宜就好呀？再说了，有天天占便宜不吃亏的人吗？吃一堑长一智，每个人成长都有不同的路，让她自己慢慢摸索，一定能上道儿。

老邱：唉！我可没你想的开。

胡子：只要你想开了，不再干涉孩子，孩子自己舒心了，不怕了，敢干了，自然而然就成了。我父母从不约束我的思想，我随心所欲地长大，传统意义上的亏，我吃的多了去了，不照样天天胡耍胡乐胡开心，能怎么地呀？想当初咱们毕业时，谁不出国谁犯傻，谁不考研谁脑残，我顶着压力就在中国混，现在，全世界任我游。放手吧，孩子有自己的活法，别瞎操心了，既难为自己又难为孩子，何苦呢！

老邱：唉！好吧，我再做做她妈妈的思想工作。

胡子：我说的不管，可不是撒手不管了。而是托着撑着鼓励着，安慰着交流着开导着，辩论着争吵着探讨着，还要护着哄着爱着。做错了不

203

骂，做对了必夸，不代办不包办。让她自己闯，她就越来越开心，顺利时开心，遇不顺也不怕，因为有你托着，她就什么都不怕。

老邱：好吧，听你的，让孩子自己趟，你还别说，我这丫头有股子拧劲儿，我和她妈妈也管不了，就这样吧，改天请你吃饭。

从上面的对话中，胡子泄露了他对孩子外松内紧的"育儿不管经"。这样的不管，比直接管要花费更多的心思，也对孩子倾注了更深沉的爱。

只有脱俗的父母才能培养出脱俗的孩儿，所谓脱俗就是面对当今的社会和教育制度，有自己的主见，能看到养育孩子的本质。胡子说我从来不讲怎么培养孩子，怎么去塑造孩子，我只是去保护和支持，孩子小的时候保护，他大了就是支持。孩子是自己培养自己、完善自己的，他有内在的驱动力和能力，成为一个热爱生活、自信、有独立思考能力的人。

一个人如果拥有了独立之精神，自由之思想，那么生存绝非难事，他寻求的将是更高的人生境界，胡子一直在引领儿子走上这样的一条路。

后记——什么对孩子的成长影响最大

我们都希望自己能够成为称职的父母，都希望能把自己深深爱着的孩子养育成才。那么父母究竟应该怎样做才能让孩子成长得最好？究竟是哪些因素对孩子的成长影响最大呢？

我认为父母的生活态度和生活方式对孩子的影响最大——父母的身教重于言教。

苏联教育学家苏霍姆林斯基对这个问题有过精辟的论述，他说："父母自身的行为对孩子有重大影响，不要以为只有你教导孩子和吩咐孩子的时候，才是在教育孩子；在你们生活的每一瞬间，甚至当你们不在家的时候，都是在教育孩子。你们怎样穿衣、怎样跟人谈话、怎样吃饭、怎样看报纸……所有这一切，对孩子都有很重要的意义。"

想让孩子成为什么样的人，父母首先得是那样的人，你很难教给孩子你自己身上没有的品德。父母对待家庭婚姻的态度、对待朋友的态度、对待金钱的态度、对待工作学习的态度，都在潜移默化地影响着孩子，在孩子心上烙下深刻的印记。

有一则讽刺幽默，说有个小孩在学校因为偷了同学的笔而受到老师惩罚，父亲知道后教训孩子："真丢脸！你要什么笔，爸爸到公司拿给你就是了，怎么去偷人家的？"这就是身教的力量，爸爸拿公司的东西，孩子也去拿同学的东西。

不管你告诉孩子什么，孩子学习的都是你的行为，而不是你想通过语言传达给他的意思。比如你怎样对待他，他就会怎样去对待别人：你尊重他，以平和的态度跟他交流，他也会尊重别人，以平和的态度跟别人交流；你吼他，他就会去吼别人；你说"我懂得比你多，你就算不明白也得听我的"，他就会到外面强迫别人照自己的意愿行事；如果你整天抱怨社会，孩子也不会个性阳光，积极地看问题。

父亲在家里尊重妻子，有问题和妻子心平气和地讨论解决，儿子以后也会如此对待他的妻子；一个母亲在家里天天看丈夫不顺眼，挑剔指责，以后她的女儿也会用这样的方式去对待丈夫。美国有研究表明，父母离异的孩子，长大后离婚的概率比那些父母没离婚家庭的孩子高出两倍还多。

有个网友来信说自己很苦恼："女儿一岁八个月，总是对别人吼叫，吓唬，推人，给别人一种非常泼辣的假象。现在不少邻居到处传播我家孩子不是好孩子，说她厉害得吓人，将来怎么嫁人！孩子现在的情况跟我有关系，我比较爱发脾气，比如爱说滚蛋，爱打孩子，爱吓唬她。如果不满意就会说她，大声吼她。"这个妈妈问怎么扭转孩子的性格。

看她的问题让我想起了寂静法师打的一个比喻，他说孩子是复印件，而父母是原件，如果你发现复印件上有错字，你要改哪里？一定要改原件才行。

要改变孩子的行为必须要治本，"本"在妈妈这里，妈妈怎么对待孩子，孩子就以为那是唯一正确的与别人打交道的方式，所以，妈妈必须改变自己的个性，不打骂孩子，心平气和地对待孩子，孩子才会变得平和有礼。

父母是孩子的榜样。真正的好父母，不是对孩子严格要求的父母，而是以身作则的父母，父母对孩子最好的教育是——教育自己。

父母乐观向上，诚挚豁达，身心健康，为自己的生活和感情负责任，孩子也学会为自己的生活负起责任，遇到问题不逃避，不退缩，勇敢面对，努力解决。

而父母相爱，则是给孩子最好的爱的教育，他会知道和睦的家庭是什么样的，知道怎么去爱人，有矛盾了怎么沟通。父母如果能去提升自己和配偶的沟通技巧，增进彼此的感情，给孩子一个温馨的家庭氛围，那么给孩子带来的积极影响将是长远和巨大的。幸福家庭出来的孩子通常都比较阳光和快乐，这样的孩子不让他好好学习都不行。

有的妈妈为孩子牺牲了很多，可是孩子的成长并不如意。因为妈妈的很多牺牲是放弃了自己的表现，孩子在潜意识里也会放弃他自己。我们只有爱自己，孩子才会潜移默化地学习我们的样子，去爱他自己，一个爱自己的孩子会努力挖掘潜力，做最好的自己。而父母的牺牲，让孩子感觉到的是负疚，孩子背负着沉重的枷锁，插翅难飞。

孩子像是一面镜子，反映出父母的内在，父母变好了，孩子才可能会变好。父母趁着孩子还没有长大，改变自己的思维模式和行为模式，孩子才有可能在根本上改变。

民国伦理教育家王凤仪先生说："以前有个女人，抱着孩子来问我：'你看我这孩子怎么样？'我说：'真招笑！你自己和的面，你自己拌的馅，包出的饺子来，不知道是什么面、什么馅？倒来问我！'这和种田是一个道理，自己下什么种，将来准打什么粮。"

孩子是小船，父母就是托起他的河，只有父母的境界提高了，孩子才会跟着水涨船高。

愿与这本书结缘的父母们都能够陪伴着孩子一起提升和成长，在思想上越来越独立，精神上越来越富足。愿每个家庭中爱的能量充盈流动，父母们用无条件的爱与接纳，为孩子撑起一片自由的天空，任孩子展翅翱翔。

愿天下所有的孩子都能快乐地成长、成才、成人。

真妮

2015年3月于美国